れる
市伝説

1990年代後半より普及し、今や生活に欠かせなくなったパソコン。そして、最も身近なコミュニケーションツールであるケイタイ。これらによりネット上やメールで個人でも簡単に情報発信をできるようになった。今や子どもたちや学生の間ではチェーンメールで、次々と信じられない写真や動画が回され、人から人へと流れていくうちに都市伝説化していく。最近のネット上やケイタイで流れている「ビジュアル都市伝説」を集めてみた。

あなたも、こんな写真を見たことはありませんか？

【キャンプの惨劇】
「この間、いとこの友だちがモンタナ州でキャンプをしていて亡くなりました。野生の熊に襲われたのです。無残な現場に、彼が使っていたデジカメが落ちていました。最後に記録されていた画像がこの写真です。彼はシャッターを切った直後に熊に襲われ、命を落としたのです」

【最後の一枚】
「この写真、ちょっとアングルが変だと思いませんか？ 実は、エッフェル塔から飛び降りた人のデジカメに入っていたＳＤカードに残されていたものです。飛び降りる瞬間にシャッターを切ったのでしょう。パリ警察によって公開され、自殺防止キャンペーンにも使われているようです」

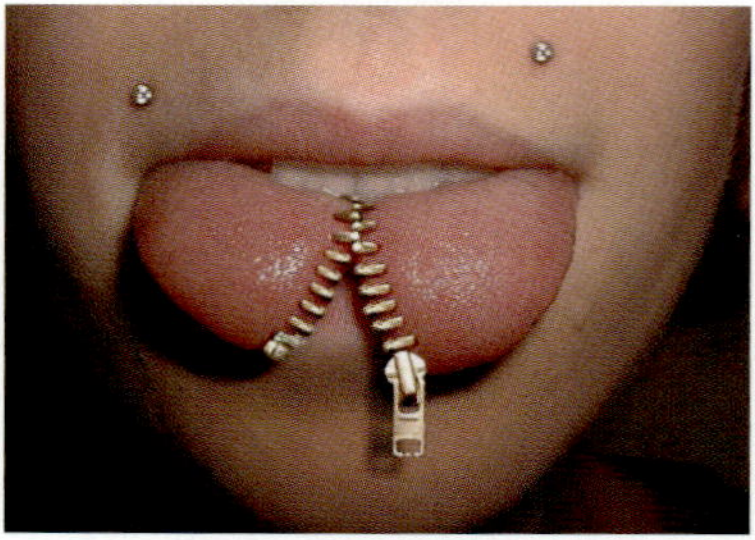

【ジッパー・タン】
「タトゥーとかボディーピアスが大好きな女の子が、 極めつけのおしゃれを完成させました。スプリット・タンになっている友だちに負けたくないということで、舌を二つにしてジッパーで開閉(つまり、つながったり離れたり)できるようにしたそうです。まねできる人は、おそらくいないでしょう」

【チュパカブラの頭】
「今から何年か前、プエルトリコで、山羊などの家畜を襲う“チュパカブラ”という怪生物が話題になりました。当時は目撃証言ばかりで物証がなかったのですが、今回絶対的な証拠が見つかりました。金網に、もげた頭が残っていたのです」

【神様の骨？】
「ギリシャで、古代史をぬりかえるような大発見がありました。パルテノン神殿の近くで地質調査が行われた際、地下10メートルの深さから巨大な頭蓋骨が発見されました。もちろん、人間にしては大きすぎます。聖書に出てくる巨人族の骨ではないかということになり、現在詳しいDNA鑑定が行われているそうです」

【不吉な写真】
「この写真をすぐに13人の人に回してください。送ってきた人に返してはいけません。この写真を受け取ったサラリーマンがメールごと削除したら、会社が倒産し、妻にも逃げられ、１３日間ですべてをなくしてしまいました。逆に、受験生が指示通り１３人に回したら、メールを受け取って１３日目の入試で、とても受からないと思っていた難関校に通ったそうです。ちなみにこの写真は、バングラデシュの自然公園の中で撮影されたものだそうです。写真の彼がどうなったかはわかりませんが、シャッターを切った友だちはその場で倒れ１３日後に心臓発作で亡くなったそうです」

【宇宙から見た津波】
「この写真は、とある国の気象衛星によって撮影された驚くべき1枚です。画面左側に大きく写っているのは巨大台風で、そもそもこの写真が撮られた理由です。しかし画面右上を見てください。白い波が陸地を覆っている部分が見えませんか？　これは、台風と同じタイミングで起きた津波発生の瞬間を宇宙からとらえた貴重な１枚なのです」

【宇宙から見る日没】
「この写真は、スペースシャトル〝コロンビア号〟の乗組員が写した宇宙から見る日没の様子です。画面にはヨーロッパとアフリカが写っていて、右半分はもう夜です。光っているのは街の明かりです。よく晴れた日だったので、こんなに素晴らしい写真が撮れたそうです」

【航空機洗浄用専用格納庫】
「この写真は、とある航空会社の飛行機を洗うための格納庫です。ある夜、作業員が高圧洗浄装置のスイッチを入れて、ホースから勢いよく泡が出始めたところで、心臓発作で倒れてしまいました。翌朝主任が出勤してきて驚き、ケータイのカメラで撮影したのがこの写真だそうです」

【最新鋭大型旅客機ボーイング７９７】
「この写真は、ボーイング社とＮＡＳＡが共同開発した最新鋭旅客機を写したものです。まさに最初のテスト飛行が行われようとしている歴史的なタイミングです。機体を見ると、かなり大きいことがわかりますね。この機種の座席数はなんと1000！　従来の大型旅客機の２倍です。この機種は、テスト飛行が終了次第大西洋路線で就航予定」

【世界初：ホテルヘリコプター】
「豪華客船はそれほど珍しくありませんが、ついに空飛ぶホテルが出現しました。豪華なスイートを18室“搭載”した超大型ヘリコプターです。全長42m、高さ28mで、巡航速度240キロで快適な空の旅をお約束。現在は欧米圏だけでの就航ですが、日本の航空業界参入も時間の問題といわれています」

【タイガーのヨット】
「タイガー・ウッズがヨットを持っていることを知っている人は少ないようです。タイガー自身も、隠しに隠していたようです。ところが、とある国の海洋研究所がヘリコプターによる洋上調査を行っているとき、偶然にカメラに収めることに成功しました。海軍から払い下げた空母に土を敷き詰め、オーガスタと全く同じ芝で練習用ホールを作ってしまいました」

【緊急着陸】
「タイに観光旅行に行った友達が送ってくれた写真です。ワニ園みたいなところに行った彼は、“野生のワニ池”で日光浴をしているワニの写真を撮っていました。そのとき、いきなり空からパラシュートで降下してくる人がいました。なぜこうなったのかはわかりませんが、この人は無事に着水したものの、わっと集まってきたワニにあっという間に食べられてしまったそうです」

※ここに掲載されている写真はすべてネット上で流されているもので、真偽のほどは定かではありません。

都市伝説の真実

宇佐 和通

祥伝社黄金文庫

表現がぴったりだ。筆者は長年にわたる街頭アンケート調査を通じてデータ収集をしている。かなり多くの人々から話を聞くことになるのだが、広く知られているはずの――言葉を変えればものすごくベタな――話でも、「あの話は事実じゃなかったの!?」と驚く人がいることに、こちらが驚いてしまう。つい最近、いまだに『ミミズバーガー』を事実と信じて疑わない男性に会い、絶句してしまった。

その一方で、筆者の作品をモニターしてくださっている方々からは、「ツッコミが甘い」とか、「知っている話ばかりでつまらない」といった意見が寄せられることが少なくない。両方のグループに満足してもらえるものを書くことは、かなり難しい。いきおい中間点を探っていこうとするのだが、これでは逆に中途半端になってしまうような気がする。そんな中、なんとか模索してたどりついたのが、前作と今作のシリーズのフォーマットというわけだ。

前作と同じく、奇妙な噂を面白おかしくカタログ化することを心がけた。掲載本数を少なくしてとことん深く掘り下げるというのも〝あり〟なアプローチだろう。しかし、本書では深さよりもバラエティーを優先させた。それと同時に、噂の発展過程や背景に関する情報は最大限盛り込んだつもりだ。

また、筆者は今作でもディバンカー（噂の内容を否定し、それが嘘であることを証明する人）という立場を取る。前述のとおり、噂を鵜呑みにして頭から信じ込んでしまう人たちは後を絶たない。信じてしまったからといって実害はないが、事実は事実として、虚実は虚実として明らかな形で分けたほうがいいに決まっている。

ただし、すべてを否定的に見て話のあらを探そうというのではない。筆者の方法論は、むしろまったく逆だ。多くの人が何の疑いもなく真実として信じてしまう虚実の物語は、どうやって生まれるのか？　信じられる話となるために必要な要素とは何か？　そして、話自体をより信じられるようになるためにどのように変化するのか？　こうした手順を踏まえながら、奇妙な噂をカタログ化するのが本書の目的だ。

都市伝説的な話は、時代時代の風俗や流行を器用に取り込みながら増殖していく。だからこそ、まったく同じプロット（筋立て）でありながらモチーフ（小道具）を変えた派生バージョンが生まれ続ける。

本書に収録されている話は、基本的に筆者が街頭アンケート調査を行って直接集めたものだ。ただ、ここ2～3年は都市伝説的な噂の流布の媒体はメールという場合が圧倒的に多くなっている。メールという新しい流布媒体を得たことによって、消費のスピードが上がった。とは言え、流布の形態が口伝であれメールであれ、奇妙な噂の本質は今も昔も変わらない。

こうしている間にも、次々と噂が生まれ、それと同じくらいの数の噂が消えていることだろう。新しく生まれる噂も消えてしまう運命にある噂も、できるだけ多く捕まえておきたい。そうした思いを形にしたのが二部作の完結編である本書だ。生まれては消えそして復活する、あるいは何十年という長いスパンで生き続ける奇妙な噂の数々を楽しんでいただきたい。

２０１０年６月

宇佐　和通

都市伝説の真実

第1章　トラディショナル都市伝説

第2章　乗り物に関する都市伝説

第3章　子どもに関する都市伝説

第4章　ホラーな都市伝説

第5章 動物に関する都市伝説

第6章 食べ物に関する都市伝説

第7章　事件・事故の都市伝説

第8章　ネットで流れる都市伝説

第1章　トラディショナル都市伝説

【口裂け女のその後】日本　韓国

こんな話を聞いたことはありませんか？

雨がしとしと降る、ある夜のこと。学校帰りの小学生が家に向かって歩いていた。通りかかった公園の入り口の電柱をふと見ると、そこに人影が見える。長い髪の女だ。真っ赤なレインコートを着ているが、傘はさしていない。横を通り過ぎようとしたら、「坊や、ちょっと……」と声をかけてきた。

振り返ってみると、女は不自然なほど大きなマスクをしている。そして近づいてきて、額のあたりにまとわりつく髪をかきわけながら、「わたし、きれい？」と訊ねてきた。恐くなった小学生は「はい……きれいです」と答えた。「そう……」と答えた女は、ちょっと下を向いてマスクを外した。そして「これでもかーっ！」と言いながらもう一度顔を上げた。女の口は、耳から耳まで裂けていた。

〝都市伝説〟と〝学校の怪談〟。厳密に言えば、似て非なるものだと筆者は考える。しかし、「口裂け女」は別格だ。大人も子どもも巻き込んで日本中を駆け巡った噂は、ちょっと昔の日本で誰もが知る話となり、日本のポップカルチャー史上で最も有名な都市伝説スターキャラとなった口裂け女は、いまだに映画のモチーフになるほどの勢いを保っている。

噂が生まれたのは1978年の春頃で、小中学生を中心に爆発的に流布《るふ》し、あっと言う間に日本全国に広がった。冒頭で紹介したのは原話バージョンだ。都市伝説の常だが、原話バージョンが広く知れ渡ると、まるで細胞分裂のように、次から次へと派生バージョンが生まれていく。「口裂け女」は、その傾向が特に顕著だったと言える。

・「きれいです」と答えると、耳から耳まで裂けた口を見せ、家まで追いかけてきて、草刈用の鎌で切り殺そうとする。「きれいじゃない」と答えると、その場で切り殺される。殺されないためには「普通」と答えなければならない。

・口裂け女に出会ってしまったら、「ポマード」と3回唱える。これで逃げていく。

・ベッコウアメを渡すと助かる。

こうした一連の〝対抗策バージョン〟が原話バージョンにとって代わる頃になると、小中学生の間では口裂け女が実在する人間として認識されるようになっていた。その後噂はさらに変化の速度を上げ、今度は口裂け女のプロフィールに関する数々の〝背景情報バージョン〟が生まれていく。

・口裂け女は、3人姉妹の末っ子。整形手術に失敗して口が裂けてしまい、おかしくなった。

・口裂け女の正体は、恋人に美容整形を勧められ、失敗した女の人。

・口裂け女の足はものすごく速い。100メートルを3秒台で走ったり、四つんばいになって車と同じくらいのスピードで走ったりする。

1979年の夏には、本物の口裂け女が捕まるという事件が起きた。兵庫県姫路市在住の25歳の女性が口裂け女のコスプレをしていたところをタクシー運転手が目撃し、警察に通報した。女性は小道具として包丁を持っていたので、銃刀法違反で逮捕されてしまった。ちなみにこの女性は、メイクアップアーティストを目指していたという。

〝背景情報バージョン〟が落ち着きを見せる頃、今度は「口裂け女は作られた噂だった」といった陰謀論的なニュアンスの派生バージョンが生まれた。

・「口裂け女」は、塾ブームの中、経済的余裕がなかった母親が作り出したデマ。恐ろしげな女性が徘徊《はいかい》しているという噂を流せば子どもが恐がり、ブームが収まると思いついたらしい。

・1970年代終わり、自衛隊が口コミ情報の速度を計るという実験を行った。青森駅前で偽の情報を流し、それが鹿児島まで伝わる時間を計測するというのが目的だった。実は、この実験には在日米軍とCIAがからんでいた。口裂け女の話は、群集心理やデマに関する実験だったのだ。

一説によれば、「口裂け女」の噂はそもそも岐阜の小学校で発生したらしい。筆者自身も、2001年に行った街頭アンケート調査の際、名古屋出身の男性（40歳）から次のような話を聞いたことがある。

「口裂け女のモデルになったのは、岐阜県美濃加茂地方に住んでいた教育ママだそうです。息子に塾をかけもちさせていたので、毎晩迎えに行って、いつも外で待っていたんですが、寒い夜には大きな白いマスクをして、塾の近くの公園とか、電信柱の陰に立って息子が出てくるのを待っていたらしいんです。この姿から、口裂け女というキャラクターが生まれたという話が有名です」

『週刊朝日』の1979年6月29日号に、次のような記事が掲載されている。岐阜発祥説を裏付ける内容だ。

口裂け女が初めて姿を現したのは、１９７８年12月初めだった。場所は岐阜県加茂郡八百津町。当時の噂は以下のようなものだった。「農家のおばあさんがある夜、母屋から離れたトイレに行くと、物陰に人が立っていた。おかしいなと思って近づくと、立っている人が顔を上げた。それは耳まで口が裂けた女だった」

そして、口裂け女の噂が流布しはじめる10年前、岐阜県内で悲惨な事故が起きていた。１９６８年８月18日、岐阜県加茂郡白川町の国道41号線を走っていた観光バス２台が、道路のすぐ下を流れる飛騨川に転落し、１０４人の死者が出た。川岸に次々と上がる遺体の中には、口が裂けてしまった若い女性も含まれていたという。

口裂け女岐阜発祥説の背景には、こうした事実がある。『週刊朝日』の記事からもわかるように、土着的に語られていた過去の悲惨な事故にまつわる幽霊話が形を変えて爆発的に流布したのかもしれない。

２００４年、韓国で口裂け女が「赤マスク」という名前の都市伝説になって流布した。モチーフもプロットも「口裂け女」とまったく同じだ。違うのは、口裂け女が赤いマスクをしている、ということだけだ。２００４年５月29日付の『西日本新聞』に、次のような記事が掲載されている。

1970年代に日本で広まった「口裂け女」の風説が、なぜか最近になって韓国に上陸。各小学校などでは、恐がる子どもたちに対し、教師が時間を割いて「根も葉もない話」と説明するなど、教育現場に深刻な影響を与えている。（中略）整形手術に失敗した女性が自殺。恨みを晴らそうと日本各地に出没し、ついに釜山から韓国に進出した。そんな「注釈」まで伴って流布している。話の出所はインターネットの特定サイトのようで、それを元に口コミで韓国中に広がっていったとみられる。

口裂け女以降の時代、このジャンルの話は学校の怪談という呼び方をされるようになった。そして、ヒキコさんやカシマレイコという次代の都市伝説キャラも生まれている。また、口裂け女は爆発的ブームの後、30年以上を経過して韓国で生まれ変わった。

口裂け女は、それ以降の系譜（ヒキコさん、カシマレイコ）という縦軸、そして韓国での流布という横軸の双方向での広がりを見せた。筆者が別格というのは、こういう意味だ。今後も、縦軸と横軸を自由に駆け巡りながら姿を変え続けていくのだろうか？

【フジツボびっしり】日本

こんな話を聞いたことはありませんか?

とある大学生が、友だちと数人で海に遊びに行った。岩場で騒いでいるうち、膝のあたりに痛みを感じたので見てみると、お皿の横のところに結構深い切り傷ができていた。足の下の岩に大きなフジツボがはりついていて、その殻で切ったらしい。痛みは傷の見た目ほどではなかったので、消毒代わりに海水で洗い、傷バンソウコウを貼っておいた。

しかし、何日経っても傷が治らない。しかも、痛みは日ごとに増すような気がする。我慢しようと思ったが、傷の周囲が大きく腫れて、色も変わってきてしまった。膝を曲げることもできなくなってしまったので、これはまずいと思って医者に診てもらうことにした。

膝の状態を見た医師は、こう言った。「ああ、これはすぐに切らないとダメですね。膿が溜まっているかもしれません……」

医師が腫れている部分にメスを入れ、中を見てみると、膝のお皿の裏側に小さなフジツボがびっしりくっついていた。

ここで紹介したのは1980年代初頭にさかんに噂されていた原話バージョンだ。レントゲンに写った白い影を見た医師が絶句して「これはフジツボです！」と知らせるバージョンや、傷を見た医師がすぐに緊急手術を決断し、膝のお皿を外したところ、その裏側にフジツボがびっしりとはりついているのを発見するというバージョンもある。また、主人公がカップルの彼氏、あるいは彼女というパターンもある。

2000年の終わりだったと思う。フジテレビ系列の『ジャンクSPORTS』という番組に出演していたプロボディーボーダーの小池葵《こいけあおい》さんが、「膝にフジツボが刺さって、放っておいたら膝が曲がらなくなった」という話をしていた。

小池さんの膝の裏にフジツボがびっしりくっついていたわけではないが、都市伝説特有の〝ひょっとしたら感〟をいやが上にも煽《あお》るコメントだった。

さて、この話には新婚旅行や卒業旅行でハワイを訪れた人々を主人公にしたバージョンもある。確認しない手はないと思い、地元の二大紙『ホノルル・アドバタイザー』紙と『ホノルル・スター・ブレティン』紙の社会部、および地元テレビ局のチャンネル5と8

に電話を入れてみた。

過去にこうした内容の事件に関する記録があるかどうかを訊ねてみたが、いずれのデータベースでもフジツボがらみの事件はひっかかってこなかった。

日本国内で流布していたハワイバージョンでは、ワイキキビーチを舞台にした話がほとんどだ。ワイキキビーチはホノルル市内のビーチの中でも知名度が抜群で、岩がむき出しになっているポイントもある。知名度も〝現場〟の状況も、日本人に聞かせる話の舞台としては絶好だ。実際に足を運んだことがない人でも、ワイキキビーチという名前は受け容れやすいにちがいない。

ある日ワイキキビーチまで行って、大勢の人々に声をかけ、フジツボの話を知っているか、そしてワイキキビーチが舞台となっている事実を知っているかを訊ねてみた。しかし、日本人観光客を除けば、「そんな話は初めて聞いた」という人がほとんどだった。

ただ、ホノルル生まれのホノルル育ちという23歳の女性が面白い話をしてくれた。フジツボの生態に関しておばあさんから聞いた話だという。

フジツボはとても生命力が強く、どこにでも自生するらしい。海辺の家では、しばらく放っておいたビーチサンダルの裏とか、食器棚の奥に群生することもあるという。分泌液が仲間を呼び寄せるので、短期間で多くのフジツボが現れるのだそうだ。

おばあさんが住んでいるのは、ワイキキからかなり離れたオアフ島北端の町だという。海辺の町ならではの話かもしれない。いずれにせよ、「フジツボびっしり」の話は日本で伝えられているプロットのままの話がホノルルには存在しないので、やはり日本で生まれた都市伝説ということができる。

筆者はこの話に関して、日本国内でも街頭アンケート調査を行った。その際得たデータから言えるのは、最初の流布が1970年代だったことだ。事件の舞台となったのは外房や湘南、そして熱海という有名な海水浴場が目立った。首都圏以外では、兵庫や愛媛、長崎、宮崎という海沿いの県ばかりだ。そして後年、ハワイが加わる。

筆者の実体験から言えば、「フジツボびっしり」は、1960年代前半生まれの人間にとって季節の風物詩的なニュアンスが否めない。海に向かう車中、渋滞する道路をのろのろ走る中で、誰かが「あのさ、友だちの友だちから聞いた話なんだけど……」と口を開く。この話は同じシチュエーションで何万回と語られてきたに違いないし、これからもそうであり続けるだろう。

「人間の体液や血液の塩分濃度は、海水にきわめて近い」という、フジツボが膝の裏に寄生するメカニズムにまで言及するバージョンもある。そもそも寄生生物ではなくフジツボが人体に寄生することなどあり得ないという、これも何万回と続けられてきたに違いない反論に対して対抗神話的に生まれたものだ。

ただしこの説明も、科学的とは言いがたい。そもそも人間の体内では自然な形で自生しているときのように酸素や陽光が取り込めないので、岩にはりついているままの形で生きられるわけがない。この話の肝は、生理的嫌悪感にある。膝のお皿の裏にびっしりとはりついた小さなフジツボ。その光景を想像しただけで、気持ち悪さを誰かに話したくなる。この話を聞いた人が100人いたら、大部分がそうしたくなるはずだ。この話の推進力となっているのは、ひとりひとりのそういう気持ちにほかならない。

だからこそ、日本全国の海水浴場はおろか、はるかハワイを舞台とするバージョンが存在する。いずれはオーストラリアのゴールドコーストバージョンとか、タイのプーケット島バージョンなどが登場すると思っている。いや、筆者が確認していないだけで、もう存在している可能性のほうが高い。

【黒焦げスキューバダイバー】

アメリカ　ヨーロッパ

こんな話を聞いたことはありませんか？

カリフォルニア州消防当局が森林火災の現場検証を行った際、木の枝の太い部分にひっかかった男性と思われる黒焦げ死体を発見した。地上から数メートルというかなりの高さだ。さらに不思議なことに、死体はウェットスーツを着用し、酸素タンクを背負って、足ひれまで装着していた。

検死の結果、この男性の死因は焼死ではなく、複数個所で起きた重度の内臓損傷であることがわかった。歯型から身元を割り出し、なぜこの男性がウェットスーツを着たまま森林火災の現場で死んでいたのか、徹底的な調査が行われることになった。

しばらくして、火災現場から20キロ離れた太平洋岸のビーチでダイビングを楽しんでいた男性が行方不明になっている事実が明らかになった。さっそく、その日の男性の行動と現場の状況、そして消火活動の詳細を調べ、照らし合わせた結果、男性が命を落とした原因は驚くべき偶然だったことがわかった。

消火活動にはヘリコプターも投入されていた。大きなバケツをさげ、湖の上空を飛行しながらバケツで水を汲《く》み、火災現場に戻ってきて投下するタイプの特殊ヘリだ。現場近くに湖がなかったため、ヘリコプターは太平洋まで飛んで海水を汲み上げ、それで火を消そうとしていた。

海でダイビングを楽しんでいた男性は、突然巨大なバケツで周囲の水ごと汲み上げられ、わけがわからないまま山火事の現場まで連れて行かれて、そこで水といっしょに落とされてしまったのだ。

2008年の夏まで南カリフォルニアに住んでいた筆者にとって、山火事は他人事ではない。秋の終わりから冬にかけ、〝サンタ・アナ・ウィンズ〟と呼ばれる季節風が吹き荒れ、南カリフォルニア全域で多くの山火事が発生する。住民たちの間では火事の話が挨拶代わりになるし、大規模なものに関してはリアルタイムの中継が数時間続くこともある。それとともに話題となるのが、「黒焦げスキューバダイバー」の話だ。

当時住んでいた自宅近くの大学図書館の新聞データベース、そして南カリフォルニア最大の発行部数を持つ『オレンジ・カウンティー・レジスター』紙のデータベースに当たった結果、この話の原話バージョンは、１９８０年代半ばあたりから語られているようだ。

ただし、派生バージョンの数がかなり多く、事件が起きたとされる場所もカリフォルニア、あるいはフランス、そしてカナダといろいろだ。

山火事があって、鎮火後に現場検証が行われ、そこでウェットスーツを着た男性の焼死体が見つかるまでのくだりは同じだが、カリフォルニア州内に限っては、そこから次のように展開する話がさかんに流布した時期がある。

・

消火活動には、〝ヘリタンカー〟という特殊な型の飛行機も投入されていた。胴体部分が空洞になっていて、機首のほうに大きな穴が開いている。機体を水面に浸しながら飛行してこの穴から水を汲み上げ、胴体が水でいっぱいになったらそのまま上昇して火災現場に向かい、大量の水を投下して火を消す。

さて、ウェットスーツを着た男性の死体が山火事の現場にあった理由とは何か。この日、たまたま近くの湖でダイビングを楽しんでいた男性が、消火活動で水を汲みに来た飛行機に呑み込まれてしまった。どうしようもないまま現場上空まで連れて行かれ、そこで燃え盛る火の中に落とされた。

何トンという単位の水も、大規模な山火事の火力にはかなわない。木の枝にひっかかった男性はそのまま気絶してしまい、黒焦げになってしまった。

ヘリコプターに装着された巨大バケツや、特殊構造の航空機に汲み上げられてしまうことなど実際にあるのだろうか？　ちょっと考えにくい状況ではあるが、絶対に起きえないとは言えないようだ。1998年の夏、イタリアのコルシカ島近くで、ヘリタンカーが遊泳中の女性にケガを負わせるという事件が起きている。

泳いでいた女性の足がヘリタンカーの吸い込み口のふちにひっかかり、海面から持ち上げられたが、女性は上昇する前に自力で足を外し、そのまま海面に落ちた。近くで操業していた漁船に助けられ、病院に運ばれ手当を受けたという。

こういう実話があって、噂が生まれていないわけがない。とある都市伝説掲示板に、トルコで流布していたという話が書き込まれていた。

トルコで聞いた話。地中海沿岸地域では山火事が頻繁に起きる。ギリシャのとある島で起きた山火事が収まった後、現場で、ウェットスーツを着て酸素タンクを背負ったダイバーの死体が見つかった。山火事なのにダイバーの死体があるのは不思議だ。消防当局が調べてみると、ダイバーは近くの海で魚を取っていたらしい。海面に浮上したところに消火ヘリコプターがやってきて、機体から下がっている大きなバケツにさらわれてしまった。検死の結果、ダイバーは空から落とされたときにはまだ息があったことがわかった。死因は、猛烈な炎の中に放り込まれて酸欠状態になったための窒息死だった。体を焼かれたときにはすでに絶命していたらしい。

事件現場こそ違うものの、プロットもモチーフもまったく同じだ。この話を書き込んだ人物はスキューバダイビングが趣味で、世界中あちこちの海に潜りに行くようだが、この話はダイバーの間では有名な都市伝説だそうだ。

ただし、泳いでいるところをヘリコプターのバケツに汲み上げられたスキューバダイバーはこれまで存在しないし、火災現場でウェットスーツを着た死体が見つかったこともない。

「黒焦げスキューバダイバー」の内容を怪しいと思ったのは筆者だけではないようだ。ディスカバリーチャンネルで『Myth Busters』（日本語タイトル『怪しい伝説／ミスバスターズ』）という番組が放送されている。アダム・サベージとジェイミー・ハイネマンというホストが毎回さまざまな都市伝説の検証に取り組むという内容だ。この番組でも2004年に「黒焦げスキューバダイバー」に徹底的な検証を加えているが、まったくの嘘と結論している。

2009年2月、オーストラリア南部のビクトリア州で大規模な山火事が発生した。同国史上最悪という被害規模だ。死者も200人以上出てしまったが、消火活動中に森の中で野生のコアラが救出され、消防士が手に持ったペットボトルから水をごくごく飲む動画が世界中に配信されて話題になった。

九死に一生を得たコアラ〝サム〟が性感染症の手術中に命を落としてしまった直後から、メールを媒体として「黒焦げスキューバダイバー」のオーストラリアバージョンが噂されるようになった。もちろん、舞台がオーストラリアに変わっただけで、プロットもモチーフもこれまでのバージョンとまったく同じだ。

筆者が知る限りでは、日本で流布している派生バージョンはない。山火事に航空機やヘリコプターが投入されることがあまりないからだろうか。それ以前に、大規模な山火事がほとんど起きないからだろうか。都市伝説は自ら変容してさまざまな派生バージョンを生み出し、独り歩きしていくのが常だが、馴染まないシチュエーションを無理な形でモチーフやプロットにもってくることはない。そうした過程で派生バージョンが生まれたとしても、都市伝説と呼べるものまでにはならないだろう。たとえ奇妙な噂でも、火のないところに煙は立たないようだ。

【廃屋にて】　日本

こんな話を聞いたことはありませんか？

とある年の夏休み。4人の高校生が、幽霊の目撃が絶えない廃屋で肝試しをすることにした。一家惨殺事件が起きたいわくつきの家だ。ただの肝試しではつまらないので、ハンディカムとICレコーダーを準備してレポート風の映像を撮り、それを動画専用サイトにアップすることにした。

腐ってガタガタになった玄関の扉を開け、4人は口々に「入りますよ！」と大声で言いながら中に入って行った。1階の部屋の壁はどこも落書きでいっぱいだ。ただ、家の中はどこもそれほど荒らされていない。一番奥のキッチンにはテーブルや食器棚がそのまま残されている。

2階には、寝室らしい部屋があった。大きなドレッサーがあったので引き出しを開けてみると、中に指輪が入っていた。4人は現場レポートの証拠品として、この指輪を持って帰ることにした。その後、一通り部屋を見回って、1階に戻り、それで帰ることにした。玄関を出るときは、4人は大きな声で「おじゃましました！」と挨拶して家を後にした。

撮影したビデオの内容を一刻も早くチェックしたかったので、4人はそのままメンバーの一人の家に直行した。ハンディカムをテレビにつなぎ、画面をじっと見る。「入りますよ！」という声に反応するように、「どうぞ……」と言うかすかな女の声が聞こえた。

4人は顔を見合わせた。家の中をあちこち歩きながら、4人はそれぞれ勝手なことを口にする。ところが、何か言うたびに先ほどの女の声がいちいち返事をするのが聞こえるのだ。

「思ったほど荒れてないな」「そうですか……？」

「怖くないじゃん」「それはわかりませんよ」

「ここは子ども部屋かな？」「そうです……」

４人の顔色は、次第に青ざめていった。念のために、ＩＣレコーダーをチェックしてみると、ビデオから流れたのと同じ女の声が録音されていた。そしてビデオの終わりに４人が「おじゃましました！」と言った瞬間、女の声の響きが変わった。

「ちょっと待て！」

言いようのない怒気をはらんでいる。

その瞬間、メンバーの一人の携帯電話が鳴った。番号は非通知になっている。無視しようとしたが、いつまでも鳴り止まない。おそるおそる通話ボタンを押したが、耳に当てたとたん、電話を放り出してしまった。悲しげな女の声が部屋中に響く。

「もしもし……。指輪は返して。それは結婚指輪なの」

この話をトラディショナル・フォークロアに分類するかどうかは、意見が分かれるところだろう。しかし知名度と派生バージョンの多さから、筆者はそうすることにした。筆者自身が同じプロットの話を聞いたのは、１９８０年代初め、大学1年のゼミの夏合宿で行った百物語だった。細部を比較したいので、その話も紹介しておく。

4人の大学生が、幽霊の目撃で有名な廃病院で肝試しをすることにした。記録を取るために、ビデオカメラとテープレコーダーを持ち込んでテレビレポート風にしようということになった。

暗くなってから現場に集合した4人は、先導役とカメラマン、録音係、そして大きな懐中電灯を持った照明係というように分担を決めて建物の中に入って行った。

先導役が「入りまーす！」と大きな声を出してあちこちの部屋を歩いて回ったが、落書きがひどいくらいでこれといった特徴はない。医療器具や書類もきちんと整頓されていたので、おどろおどろしさもあまり感じなかった。

建物の一番奥に手術室があり、中に入ると手術台の脇にあるキャビネットにカルテがたくさん入れてあった。4人は、証拠としてその中のファイルを1冊持ち帰ることにした。一番奥まで行ったことが証明できる。そのまま正面玄関まで行って外に出て、「おじゃましました」と言って建物に向かって挨拶をした。

そして4人はビデオを見るため、その足でメンバーの一人が住んでいるアパートに向かった。さっそく再生してみると、奇妙なことに気づいた。

先導役が「入りまーす！」と言った瞬間、かすかな女の声が「どうぞ」と答えたのだ。

そしてその声は、建物の中を歩きながら4人がいろいろ言うことにいちいち返事する。

「あまり荒れてないね」　　「そうですか？」

「ちっとも怖くねーじゃん」「いやいや、そうでもないと思いますよ」

「ここが手術室か」　　「そうです」

テープレコーダーにも同じ音声が同じタイミングで録音されている。画面は、もう帰るところになっていた。

「おじゃましました」と言う4人の声の後に、「おい、待てよ！」と言う低い太い声が聞こえたのだ。

次の瞬間、電話が鳴った。おそるおそる電話に出たメンバーは、受話器を持ったままガタガタ震え出した。残りの3人が受話器のところに集まり、耳を澄ませると「もしもし、こちらは○○病院です。先ほどお持ちになったカルテをお返しいただけませんでしょうか……」

こう言う声は、ビデオとテープレコーダーに残されていた女の声と一緒だった。

ふたつのバージョンのタイムラグは、およそ十数年だ。ここで紹介したふたつ以外にも多くの派生バージョンが存在するはずだ。しかし、原話バージョンと最新バージョンの比較を目的とするなら、ここで紹介したふたつを例示するのが一番いいと思う。

プロットはまったく同じだが、小道具の変化に時代の移り変わりが顕著に現れている。それぞれのバージョンが流布した時代でごく普通に使われている電化製品がちりばめられているのが興味深い。こうしたディテールの変化こそ、都市伝説の進化なのだ。

「廃屋にて」（あるいは「廃病院」）は、さらなる進化を見せた。たとえば「廃屋にて」には「ビデオを撮影し、指輪を持ち帰った4人のその後を知る人はいない。入院したとか、引きこもりになってしまったという噂が流れているだけだ」という、やや不必要と思われるオチが付けられたバージョンが現れた。

「廃病院」に関しては、「カルテを持ち帰った大学生が家に帰って寝ようとすると、玄関のドアをノックする音が聞こえる。誰だろうと思って開けると、ぐちゃぐちゃになった白衣を着た看護師が立っていて、『カルテを返しなさい！』と詰め寄られた」というバージョンがある。

ちなみにこの話、複数の都市伝説掲示板に〝本当にあった〟事件として紹介されている。複数の体験例があるということは、同じ廃屋や廃病院で複数のグループが肝試しをして、同じような方法で記録を取り、同じ恐怖を味わったということなのだろうか。筆者の知り合いの中にも、〝友だちの友だち〟や〝友だちのお兄さんの友だち〟の実体験であると言ってゆずらない人が何人かいる。

こういう状況を考えると、この話はやはりトラディショナル・フォークロアに分類するのが正しいようだ。

【究極怪談：牛の首】　日本

こんな話を聞いたことはありませんか？

「牛の首」という名前の、それは恐ろしい怪談がある。江戸時代に残された文献にもその存在が記されているが、「あまりにも恐ろしい内容のため、話の詳細を書くことはできない」と書いてある。しかし、この話は文字を使わない口伝という形で脈々と語り継がれてきた。

ある小学校の先生が、どういうわけかこの話を知っていたらしく、修学旅行のバスの中でしてしまったらしい。その怖さに子どもたちは青ざめ、口々に「やめてください！」と叫び始めた。耳をふさいで下を向き、ぶるぶる震え続ける子どもや、怖さのあまり吐き出す子どももいた。

しばらくして、バスが停まった。先生が運転席を見ると、バスの運転手さんが全身汗びっしょりになって震えている。隣にいるバスガイドさんも腰が抜けて立てない。まずいと思った先生がバスの中を見回ると、子どもたちはほとんどが失禁して気を失っていたという。

前作『都市伝説の正体』（祥伝社新書）のあとがきで少しだけ触れた「牛の首」という話は、こんな感じで進む。プロットが微妙に変わった派生バージョンも数多くあるが、中核となるモチーフは「誰も内容を知らない、死ぬほど怖い話」だ。

実在しない人間の実体験として、ありもしないこと、起きなかったことを〝事実〟として語る都市伝説のメカニズムは、「牛の首」に集約されるかもしれない。ただし、この話の実在を譲らないビリーバーの助けを借りて、話はさまざまに進化している。

この話がさかんに噂されるきっかけとなったのは、1993年に出版された小松左京《こまつさきょう》氏の『石』という短編集に収められている、ずばり『牛の首』という題名の小説だ。世にも恐ろしい怪談があることを知った主人公が内容を知ろうとして、あちこちを調べ、多くの人を訪ね歩くが、どうしても教えてもらえないという展開で話が進む。

「小説：牛の首」は、誰も詳細を知らない恐ろしい話という、いやが上にもイマジネーションをかきたてるモチーフを中核に据えたエンターテインメントだったが、それを現実のものとする話が流布した。初期の噂は、次のようなものだった。

・「牛の首」という小説が発表されたが、内容があまりにも恐ろしいためにこれを読んで精神に異常をきたす人が出てしまい、発禁になった。

・とある人が古本屋で「牛の首」という名前の本を見つけ、立ち読みしていたが、あまりにも恐ろしい話だったので読むのを止めてしまった。後日同じ店に行ったら本がなくなっていたので、店の人に訊ねると「そんな本があった記憶はない」と言われた。

こうした内容の初期の噂は、やがて次のように進化を遂げる。

・小松左京作の『牛の首』は、実話を忠実に小説にしたものだ。

・小松左京の小説とはまったく関係ない形で、「牛の首」という話が実在する。

いずれの話も、「牛の首」という恐ろしい話が実在するというニュアンスだ。こうした過程を経て、冒頭で紹介した話と、その派生バージョンが語られるようになったのだろう。やがて、インターネットに「真説：牛の首」と名づけられた文章が現れた。こんな話だ。

牛の首の怪談とは、この世で一番恐ろしく、また有名な怪談であるが、あまりの恐さゆえに、語った者、聞いた者には死が訪れる。よってその話がどんなものかは誰も知らないという話。わたしも長い間、こんな話は嘘だと高をくくっていた。

明治初期に全国で検地と人口調査が行われたが、このとき、調査に当たった役人がとある村の大木の根元に大量の骨が埋められているのを発見した。不審に思い、調べてみると、過去にこの土地で大飢饉があった事実が明らかになった。さらに調べを進めると、大飢饉で食べ物がなくなったため、村人がお互いを殺し合い、人肉をむさぼったらしい。食われる人間には、牛の頭を模したお面がかぶせられた。人間ではなく、牛を食っているのだとして、罪悪感を打ち消すためである。〝牛の首〟は、この悲惨な事件についての話なのだ。

それゆえ、牛の首の話は繰り返されてはならないこと、そして話されてもならないことであり、食べられてしまった人々の呪いがしみこんだ話となった。誰の口にも上らず、内容もわからないはずだが、多くの人々が牛の首の話を知っている。ものごとの本質を突いた話は、それ自体に魂が宿り、広まっていくものだ。

　インターネットバージョンは2000字ものボリュームがあり、なにせ長いので、〝死ぬほどの恐さ〟がまったく感じられなくなってしまった。ちなみにここで紹介したのは筆者によるダイジェストだ。

　時代的なズレも甚だしい。冒頭で紹介したバージョンでは、江戸時代の文献にも「牛の首」に関する記述が見られるとされているが、インターネットバージョンでは、話が生まれるきっかけとなった事件が明治初期に起きたことになっている。江戸時代には『黄表紙』あるいは『耳嚢《みみぶくろ》』といった奇譚集《きたんしゅう》が書かれて、多くの人々の目に触れた。インターネットバージョンでは、このあたりの史実も完全に飛ばされている。

　一説によれば、20世紀初頭には同じプロットの話が出版界で流布していたという。出版界では、かなり前から〝業界ロア〟（特定業種に従事する人々だけが知る都市伝説的な噂）として認識されていたのが事実のようだ。

今から数年前、とある関西の放送局の番組でお世話になる機会があった。その際作家の筒井康隆《つついやすたか》氏と会わせていただいたので、かねてからの疑問をぶつけてみることにした。

筆者も自分なりに「牛の首」に関していろいろ調べてきたのだが、1950年代後半から活躍しはじめたSF作家、今日泊《きょうどまり》亜蘭《あらん》氏が流布に一役買っていたという話を聞いたことがあった。

今日泊氏は海外のSF文学について語る私塾的な会合を重ねていたが、これに小松左京氏や筒井先生も参加していたという。そこで出たのが、「牛の首」の話だ。筒井先生ご自身に確かめたところ、今日泊氏が『「牛の首」という本当に恐い話がある』と話を切り出したことがある、と答えてくれた。

筆者が考える「牛の首」のメカニズムはこうだ。今日泊氏は、20世紀初頭から〝業界ロア〟としての「牛の首」を知っていた。会合でこの話を聞いた小松左京氏が、それをモチーフに「小説：牛の首」を書き、それが一般社会におけるブームを生んで都市伝説化した。「牛の首」はまさに噂が噂を呼ぶ形で、決して大げさではなく100年近いタイムスパンの中で進化を続けてきたことがわかる。誰も詳しい内容を知らない、死ぬほど恐ろしい話。繰り返し言うが、筆者は「牛の首」に都市伝説の本質を見ている。

第2章　乗り物に関する都市伝説

【電光警備員】日本

こんな話を聞いたことはありませんか?

最近、工事現場や道路工事で見かけることが多くなった電光式の装置。警備員が旗を振る映像が出る機械がある。レンタルすれば料金も安いし、アルバイトを雇って、誤誘導による事故を防ぐ上でも有効で、コストと実用性に富んでいる。

この機械の出現によって、これまで使われていた〝腕だけ動いて旗を振る人形〟はおろか、フリーターの出番も激減してしまった。まさに画期的な新商品なのだ。

実は、この機械にまつわる奇妙な噂がある。主として道路工事に使われている三色の発光ダイオードを使ったカラー画像に写っている警備員。この人は実在の人物で、95年に撮影された映像が使われている。

しかし、モデルとなった警備員の男性は神奈川(東京や大阪、そして九州のこともある)で交通誘導中にミキサー車(ダンプカー、長距離トラックというバリエーションもある)に轢《ひ》かれて亡くなった。この人の〝動く遺影〟が全国の工事現場や道路で旗を振り続けているのだ。

この「電光警備員」を見かけたら、冥福を祈って黙禱《もくとう》してあげてほしい。

新しいテクノロジーや新商品をモチーフにした噂が、瞬発的な勢いを見せながら広まることは珍しくない。少し前の時代を振り返っても、出始めたばかりの頃の携帯電話やカーナビにまつわる噂が短期間で集中的に流布した。さらに一世代前では、ペットの猫や犬を洗って早く乾かそうと電子レンジでチンした老婆の話、日焼けマシンを使い過ぎて内臓がレアステーキ状になってしまった女の子の話などが好例として挙げられる。

この話を最初にしてくれたのは、公私共に懇意にしている雑誌編集者だ。弟が友だちから聞いた話だという。飲み会で出た話だったが、面白かったのでメモっておくことにした。その数日後の夜、渋谷からタクシーに乗って当時住んでいた自宅に向かう途中、国道246号線で道路工事が行われていた。突如として始まった渋滞の先に、電光掲示板があった。近づいていくにつれ、それが電光警備員であることがわかった。

ヘルメットをかぶり、反射ベルトを着けた警備員の男性が旗を振る画像が映し出されている。かなり鮮明で、滑らかな動きだ。テレビ画像くらいの解像度はある。遠くから見れば、本物の人間に見えないこともない。

装置自体の幅は150センチ、高さは2メートルくらいあるだろうか。近くで見ても画像のブレやぼやけはない。運転手さんに訊ねると、あちこちで見かけるようになったという。

さらにその10日後、とあるFM局で打ち合わせをしているときにまったく同じ話が出た。アシスタントの女性が、「彼氏の友だちから聞いた話」として教えてくれた。ただし話の内容は、紹介文の中でも示したように、オリジナルバージョンでは神奈川だった舞台が東京に、そしてモデルとなった男性を轢いたのはミキサー車ではなく、長距離トラックになっていた。この時点で、複数のソースからディテールは異なるものの、プロットもモチーフもまったく同じ話を聞いたことになる。

よく似た話を聞いたことを告げると、スタッフがリサーチをしてくれることになった。しかし人の手だけに任せてはおけない。筆者もさっそく横浜の新聞ライブラリーに出向き、工事現場で警備員が亡くなった事故を徹底的に探してみた。原話バージョンでは、死亡事故が起きたのは神奈川県内とされている。断定的な言葉遣いがきわめて都市伝説的だと思う。結局このときは、噂の内容どおりに起きた事件を見つけることはできなかった。

その後も調査を続けた結果、2008年3月終わりの時点で、原話バージョンの神奈川をはじめ、東京、埼玉、千葉など関東エリア、大阪を中心とした関西エリア（和歌山、兵庫）、そして九州（福岡、大分、宮崎）の各バージョンが存在し、それぞれのエリアで〝電光警備員画像のモデルとなった男性〟が亡くなっているという内容の話が流布していることがわかった。

伝えられている話すべてが本当なら、少なくとも10人の警備員が勤務中にミキサー車やダンプカー、そして長距離トラックにはねられていなければならない。もちろん、同じような状況下で起きた警備員の事故死が、関東から九州にかけて連続して起きたという事実はない。

FM局のディレクターは、この装置のメーカーに電話を入れて質問してみたという。当然ながら「そんなことはありません」という答えが返ってきたらしい。うがった見方をする人なら、メーカーが真実を話すわけがないだろうと言うかもしれない。しかし、少なくとも筆者自身がこれまで行った調査では、噂の内容が事実でないことは明らかだ。

ちなみに、最新モデルの電光掲示板も稼動している。従来のバージョンに加え、〝減速〟、〝徐行〟という文字が書かれた布を持ち上げながら立ち上がる男性が映し出されるタイプもデビューした。動きのリアルさには格段の進歩が感じられる。映像で見る限り、モデルは同じ男性のようだ。そして、装置自体と同じ歩調で噂も進化している。

画像が奇妙な形で変化するという内容だ。旗を振っている男性の顔が一瞬鬼になったり、あるいは骸骨になったりするというバージョンから、死に装束の三角巾や、天使の光輪が現れるというバージョンまで、さまざまなものが存在する。

その後しばらくして、前出のFM局ディレクターから電話をもらった。担当番組を替わっていて都市伝説とは無縁なのだが、用件が済んだ後で、電光警備員の話になった。

「宇佐さん、知ってます？　あの機械、女子のバージョンもあるんですよ」

若い女性が旗を振る映像が映し出されるタイプだという。「今度も、モデルになった女の子が撮影の帰り道に轢かれて亡くなった、みたいな話が生まれるかもしれませんね」と彼が言った。「あとひとつ」と彼が言葉を続けた。「実は、電光警備員のモデルになった男性が朝の情報番組にゲスト出演していたのを見たっていうバイトの子がいるんです」

ディレクターは、その番組のビデオを探してくれるという。自分で行った調査の結果、亡くなった人の画像がそのまま使われていることはないと思っていた。この話に関するディバンキング（噂の内容を否定し、それが嘘であることを証明すること）はここで終わりだ。都市伝説は伝播のメカニズムや流布の過程におけるモチーフの変化が一番面白いと思っていたのだが、話が生まれる瞬間も見逃してはならないだろう。発火点となる話を思いつく、名もなき〝都市伝説作家〟のクリエイティビティーに敬意を表したい。

【パワーウィンドウギロチン】日本　アメリカ

こんな話を聞いたことはありませんか？

ある年の夏の話。離れて暮らす孫が遊びに来るというので、おじいさんが車で最寄りの駅まで迎えにいった。車は、買ったばかりの高級車だ。いろいろなスイッチが付いていて、すべての操作はまだわかっていない。でも、駅まで迎えにいくくらいなら大丈夫だろうと思い、運転していくことにした。行きの道のりは何の問題もなく、約束の時間に約束どおりの場所で孫と会ったおじいさんは、そのまま家に向かった。

しばらく走っていると、孫が暑いと言い出した。しかし、エアコンの操作がわからない。慣れない車を運転しながらスイッチを探し、動かすのは無理だ。仕方なく窓を開けたのだが、これがまずかった。

孫が窓から顔を出した瞬間、首にかけていた携帯電話のストラップがパワーウィンドウのレバーに引っかかり、孫はせりあがってきた窓に首を挟まれてしまった。逆ギロチン状態だ。

おじいさんはハンドルを握ったまま慌てたが、運転席側にあるウィンドウ関係のスイッチは多く、どれを押していいのかわからない。パニックに陥っているので、車を停めることさえ思いつかない。

やがて孫は口から泡を吹き始めた。おじいさんは、とにかく病院へ急いだが、着いたときにはすでに手遅れで、孫は息絶えていた。

信じられない事故をモチーフとした都市伝説は多いのだが、この話にはもうひとつ挙げておくべき特徴がある。それは、〝年寄りはメカに弱い〟というステレオタイプ的なイメージだ。こうしたイメージを前面に出すべく、話の主人公のおじいさんが新しい車に不慣れで、すべてのスイッチの操作を理解していないという伏線が冒頭で語られている。

また、実際に起きた事故の記憶が噂の流布に拍車をかける。2010年の4月、長崎県で7歳の男の子が走行中にパワーウィンドウに首を挟まれ重体になるという事故が起きた。噂の内容を後追いする形で実際の事件が起きた瞬間、都市伝説という虚実が事実に変わる。

遠く離れて暮らす孫が一人で夏休みに遊びに来るというのは珍しい話ではないし、迎えに行くのもごく普通だ。惨劇のきっかけとなった携帯電話のストラップも、まったく違和感がない日常的な道具と言える。

この話の面白味は、まったく珍しくないシチュエーションや小物の結びつき方が間違ったものになってしまうと、とても恐ろしい事故が起きるという意外性ではないだろうか。また、この意外性が都市伝説の特徴である起承転結の流れの良さと、〝結〟の部分のインパクトをさらに強調している。

中核のモチーフである年寄りがメカに弱いイメージは、アメリカで生まれた都市伝説から移植されたものだろう。「クルーズコントロール」という名の、次のような話がある。

アメリカ中西部に住む、とある老人が、最新式のキャンピングカーを買った。ありとあ

らゆるオプションを装備した最高級モデルだ。彼は、この車で妻といっしょにアメリカ全土を旅しようと思っていた。

セールスマンに装備の詳細を説明してもらい、鍵を受け取ってそのまま車に乗り込み、自宅に向かって出発した。高速に乗り、速度を十分上げた後、老人はダッシュボードにある〝クルーズコントロール〟ボタンを押した。そしてあろうことか、そのまま運転席を離れ、後部にあるキッチンに行ってしまったのだ。コーヒーでも淹れて、車がクルーズコントロール＝全自動運転で家まで連れて行ってくれるのを見ようとしたのだ。

彼は、クルーズコントロール機能というのが自分でアクセルを踏まなくても車の速度を一定に保ってくれる機能であることを知らず、車自体が運転をして、すべてを全自動でこなすための機能だと勘違いしていたのだ。

車は数百メートル走ったところで路肩に突っ込み、数万ドルの車が一瞬にして破壊された。幸いだったのは、ボディーが丈夫だったため、乗っていた老人がかすり傷程度で済んだことだった。

もちろん別バージョンもある。ここで紹介したのは、車を買って家に運転していく途中で起きた事故の話だが、夫妻で旅に出て、運転に疲れてクルーズコントロールボタンを押し、ふたりとも後部座席で寝ようとしたというバージョンもある。

ふたつの話を紹介したこの項目の構成からおわかりかと思うが、「パワーウィンドウギロチン」は「クルーズコントロール」が日本に入ってきて変化を遂げたと考えられる。アメリカで生まれた都市伝説が日本に入ってくることは多いのだが、「クルーズコントロール」は大型キャンピングカーが重要なモチーフとなっている。しかしこれは日本ではいかにも馴染まないし、信憑性《しんぴょうせい》が薄れてしまう。そこで、話が流布する過程で自ら少しずつ変化を遂げたのだろう。

もちろん話自体が自分で変わろうとしてそうなるのではない。伝播の過程を形成する何万という数の人々が、ほんの少しだけオリジナリティーを加える。それは、聞き手にとって〝無理のない話〟にするためだ。あるいは、もっと面白くしてやろうという一種の〝サービス精神〟の産物かもしれない。話を変える要素が何であれ、「クルーズコントロール」として入ってきた話が「パワーウィンドウギロチン」に変わるのに大した時間はかからなかったはずだ。

「パワーウィンドウギロチン」という派生バージョンを生んだ「クルーズコントロール」

のプロットは、アメリカでは1970年代半ばから語り継がれているようだ。ということは、生まれてからすでに四半世紀以上が経過していることになる。

バリエーションは、車を買う人間にも見られる。外国人や女性、そしてちょっと頭が弱いギャングといった具合に、語られるときに主人公として一番違和感のない（あるいは一番面白い）人がはめ込まれた結果、同じプロットで主人公だけが違うバージョンが生まれる。

この話がらみの興味深い記事が、『ウォールストリート・ジャーナル』紙（1986年7月9日付）の一面を飾ったことがある。クルーズコントロールボタンの意味を知らなかった女性が事故を起こした後、言葉の意味と機能を〝正確に〟伝えられていなかったという理由で保険金請求訴訟を起こし、訴えが認められたという内容だ。ところが、よくよく調べてみると、これは、とある保険会社の重役がパーティーの席上で言ったジョークであったことがわかった。

アメリカは、ファーストフード店のコーヒーが熱すぎたという理由で何億円もの賠償金が取れる国だ。信憑性と、そして何より話としての説得力を持っていたのは、この記事だったかもしれない。

【飛び込んできた腕】　日本

こんな話を聞いたことはありませんか?

忘年会帰りのサラリーマンが、夜遅く電車に乗っていたときの話。かなり酔っていたので、気分が悪くなるといけないと思い、座ったあとに近くの窓を全開にした。終電近くの電車には乗客も数えるほどしかいない。冷たい風が窓から入ってきても、文句を言う人はいなかった。降りる駅まではかなりある。うとうとしはじめた彼は、とうとう本格的に寝入ってしまった。

しばらく経った頃、頬にものすごい衝撃を感じた彼は驚いて目を覚ました。何だろうと思っていると、乗っていた電車も急ブレーキをかけて停まった。通過したばかりの踏み切りの警笛が鳴り続けている。やがて車内アナウンスが流れた。

「ただいま踏み切り内に人が入っているのを確認したため、急停車いたしました。安全を確認次第発車いたしますので、少々お待ちください。お急ぎのところ誠に申し訳ございません」

やがて、遠くのほうから救急車のサイレンの音が聞こえてきた。踏み切りに入った人影。サイレンの音。いやな予感がした。ひょっとしたら、事故が起きたのかもしれない。

ふとわれに返った彼は、頬がかなり腫れているのに気づいた。そういえば、先ほどの衝撃は何だったのだろうか？　痛む頬をさすりながら視線を自分が座っている場所のすぐ横に移した彼は、異常なものを見つけて息を呑んだ。

それはどう見ても人の腕だった。肘の少し上のあたりからきれいに切れている腕が、無造作な感じで置かれていたのだ。そして彼はすべてを悟った。自殺かどうかはわからないが、踏み切りの中にいた人が電車にはねられ、腕がちぎれてしまった。そしてその腕が、開けた窓から飛び込み、信じられない確率の話だが、彼をなぐるような形でぶつかってきたのだ。

何年か前、中央線で多発する自殺が大きな話題となったことがある。データを時系列で並べると、１９９５年には26件、２００３年には30件、２００４年には23件、そして２００５年には14件の自殺が起きている。

さて、「飛び込んできた腕」は中央線沿線で激増する自殺に世間の注目が集まる中で浮上してきた。一時期は、朝の情報番組を見ていると、必ずと言っていいほどテロップで中央線の遅延情報が流されていたような気がする。

窓から飛び込んできた腕に顔を殴られるというストーリーは、一見荒唐無稽だ。しかし、この話が流布していたときに中央線で起こる自殺がマスコミでさかんに取りざたされていた事実を忘れてはならない。数字的にも、1995年のデータで見ればわずか8ヵ月間で26件というペースは異常だ。飛び込み自殺に関するニュースが日常生活の一部として、身近なものになってしまっていたのだ。

当時のさまざまな掲示板を調べてみると、自殺者が飛び込んだ電車に乗り合わせていた人が「サラリーマン風の男性が『ったく……。時間考えて飛び込めよ』って言ってた」という書き込みをしていたりする。

この話の派生バージョンのモチーフとなるのは、電車ではなく車だ。

ある年の暮れの話。バイト帰りの大学生が車で家に向かっていたとき、暖房をかけすぎて気持ちが悪くなってしまった。すべての窓を全開にして走っていると、狭い路地にさしかかった瞬間に対向車が1台やってくるのが見えた。彼はスピードを落としたのだが、対

向車はまったくスピードを落とす気配がない。ほとんど停まりそうな速度で進みながらやり過ごそうとすると、すれ違った瞬間に「ゴンッ!」という鈍い音がして、助手席に何かが落ちてきた。暗くて何だかわからない。

しばらく走って街灯の下で停まり、よく見ると、それは人間の腕だった。肩のところからもげている。肘が曲がっているので、先ほどすれ違った車を運転していた人が肘を曲げた状態で腕を窓枠にかけていて、それが全開にしていたこちらの車の窓枠と激突した衝撃でもげてしまったのだろう。

都市伝説のプロットには、教訓的要素が盛り込まれることがある。この話のさらなる派生バージョンは、まさにこうした展開から生まれた。

ある年の暮れ。忘年会でさんざん酒を飲んだ男性が車で家に向かっていた。酒の匂いを消すため、窓を全開にして運転している途中、狭い路地にさしかかった。スピードを落とさずにそのまま走っていると、対向車が見えた。狭いと言っても、すれ違うのに苦労するほどではない。彼は運転には自信があった。少々酒を飲んでいるからと言って、自分のハンドルさばきが鈍るわけがない。

彼は右腕を窓枠にかけたまま左腕一本で運転し、かなりのスピードで対向車とすれ違った。何をトロトロしていやがる。へたくそな奴だ。

そのまましばらく走っていると、前方で検問をやっているのが見えた。まずい。スピードを落としながらどうやって言い訳をしようか考えた。前の車について停まり、免許証を探す。あれ？　ポケットに入れておいた財布がない。

やがて彼は気がついた。なかったのはポケットに入れておいた財布ではなく、それをまさぐっているはずの右腕だったのだ。

さっき対向車とすれ違ったとき、窓の外に出していた右腕がぶつかってもげてしまったのだろう。酔いが麻酔の役割を果たし、まったく気づかなかった。

腕がもげてしまったのに気づかないなどということがあるのだろうか？　しかし海外では、窓の外に出したままの腕が何かに激突してもげてしまいながらも、そのまましばらく走ってから気がついたという事例もいくつかある。日本でも、バイクに乗っているときに膝がガードレールに激突し、逆説的だがその痛みが麻酔の役割を果たしてお皿が取れてしまったことに気づかず走り続けたという事例があった。

オリジナルバージョンに話を戻そう。筆者が調査したところによれば、この話は中央線をはじめとする首都圏のさまざまな路線を舞台として語られている。中には、〝〇〇線の〇〇駅と〇〇駅の間の踏み切り〟といったようにきわめて具体的な場所が盛り込まれる場合もある。

いずれのバージョンも舞台の設定が年末で、主人公が何らかの形で忘年会にからんでいることが語られるので、季節限定的な話ということもできるかもしれない。1年を通じて語られることはないが、語られる時期にはリアリティーが増して、聞き手にとっては本当にあった話として響くのだろう。

【子宝特急】　日本　アメリカ　オーストラリア

こんな話を聞いたことはありませんか?

東北の、とある県の、とある町で、一時期、爆発的なベビーブームが起きたことがある。この町の人口は、老人が占める割合がとても高かった。だから若い人をできるだけ呼び込むために、子育て支援金給付とか、新婚2年目までのカップルには1年間の家賃補助金給付とか、さまざまな手を打った。

やがて若年層人口増加策が功を奏して、かなりの若い人口が集まった。人口が集まると町に活気が出る。新しい店もできて、雇用状況も良くなった。さらに、近くにある大都市に通勤する人たちのために道路や鉄道網が整えられ、新しい駅もできた。

ある年、この町で出産ラッシュが起きた。子どもを産んだのは、引っ越してきた若い人たちだけではない。昔から住んでいる中年カップルも同じように子どもをもうけた。おめでたいことなのでとても結構なのだが、町役場がこの奇妙な現象を解き明かそうと特別チームを結成して調査に乗り出した。

この町では、人口がかなり増えたために通勤電車の数も多くなった。朝一番の電車が通過するのが朝の4時半。この騒音がすごい。あまりにうるさいので目が覚めてしまうのだが、こんなに早い時間に起きてすることはない。もう1回寝ようとしても、寝付けない人が多い。

だから、ついつい夫婦で仲良くしてしまう。突如として出生率が上がった原因は、最低週5回、早朝の町を通過する子宝特急だったのだ。

この話は、1998年に、とある都市伝説的な話を語り合う掲示板で紹介されていた。原話バージョンは、1950年代のアメリカで〝キャンパスロア〟（大学生を媒体として流布する都市伝説）として生まれたものだ。アメリカでは「ベイビー・トレイン」（赤ちゃん列車）と呼ばれている。極論すれば、アメリカではハワイとアラスカを除く48州の大学で語られていた。

キャンパスの端にあるカップル用学生寮は、異常に出生率が高いことで知られている。この寮の建物のすぐ横に線路があり、毎朝5時に貨物列車が轟音を立てて通過する。前の晩どんなに遅くまで勉強していても目が覚めるくらいのうるささだ。

朝の5時に起こされても、ベッドから出るには早すぎるし、寝なおすには遅すぎる。そこで、朝から愛し合ってしまうカップルが激増し、その結果この寮における出生率が異常に高くなってしまったというわけだ。

アメリカの線路は日本と比べてかなりむき出しな感じになっていて、裏庭から一歩出たら線路といった構造も決して珍しくはない。広大な敷地の中にたくさんの建物が点在するキャンパスの端の部分をかすめるようにして線路が通っていたとしても、無理はない。

ここで紹介したのはミシガン州立大学バージョンだが、各州の各大学でまったく同じプロットの話がまことしやかに噂されていた時期があったわけだ。アラスカとハワイのバージョンがない理由は明らかだ。アラスカは他州と比べて人口が少なく、大学の数も少ない。そんな状況の中でアラスカの大学を舞台とするバージョンを作ったら、説得力がなさすぎる。ハワイの場合、理由はもっと単純だ。最も栄えているオアフ島でも、電車はおろかケーブルカーも走っていない。

ところが、厳密な意味ではアメリカ全土で流行したと言えないプロットも、日本だけではなく、オーストラリアまで到達した。

オーストラリアの民俗学者W・N・スコットは、1978年に出版された著書『The Long & The Short & The Tall』の中で、“Not Worth Going Back to Sleep”(「寝なおすにはちょっと……」)という話を紹介している。

シドニーから北にちょっと行ったところに、海沿いの小さな町がある。ここにはオーストラリア国鉄の線路が通っているのだが、その構造が面白い。主線自体は町を東西に横切っているのだが、ちょうど中間あたりに南北方向に走る線路へのポイントがある。北は操車場、南は車庫へと続く線路だ。

毎朝4時半と5時に、上りと下りの電車が車庫と操車場から主線に入る。町の中央にある切り替えポイントで主線に乗り換えるのだが、その騒音がすさまじい。周囲の住民は、毎朝2回続く轟音ですっかり目覚めてしまう。

朝の5時に起き上がっても、することなどない。いきおい、夫妻やカップルにとってすることはひとつになってしまう。

操車場と車庫が作られてから、この町はオーストラリア最高の出生率を誇り続けている。

日本バージョンに話を戻す。筆者が確認した限りでは、舞台となるのは80%以上が〝東北地方のとある町〟だ。日本は諸外国と比べても鉄道網がかなり発達しているので、「べイビー・トレイン」のモチーフとプロットをそのまま活かした話でも違和感はないはずだ。実際に東北地方に行って街頭アンケートを行う機会がなかったので確認はできていないが、東北地方では、噂が流布しているとしても舞台は別の地域のバージョンだろう。ローカルな要素というのは、都市伝説的な話の売りにもなるし、致命傷にもなる。前者の場合は爆発的な流行のきっかけが生まれ、後者の場合は噂がそこで終わる。その境界線は、ありそうな話かどうか、ということだ。

たとえば、東京や関西の人間が東北を舞台にした「子宝特急」の話を聞いた場合、その時点で即座にありえない話とは思わないはずだ。それは、東北地方が日常生活の中にはないが、存在を知っている地域であるからにほかならない。言葉を換えれば、日常生活で密着していない東北地方という舞台設定が、都市伝説のキーワードである〝友だちの友だち〟の役割を果たすのだ。

ちなみに、「子宝特急」が流布した時期は、首都圏の地方自治体も子育て支援のさまざまな政策を打ち出し、東京23区内でも若年層人口が少ない区が家賃援助などを行っていた。都市伝説は、こうした微妙な時代の動きをディテールに組み入れるからこそ、なんとなく信じられる話となって広がっていく。

【手や頭を出さないでください】

アメリカ

こんな話を聞いたことはありませんか?

学校の行き帰りに乗るスクールバスの窓から顔を出して、風に当たるのが大好きな小学生の女の子がいた。ドライバーは、この子が窓から顔を出すたびに注意するようにしていたが、運転中ひとりの子どもだけを見ているわけにはいかない。事故が起きなければいいがと思っていたが、ある日その不安が現実のものとなってしまった。

いつものようにバスを走らせていると、車内の子どもたちが急に騒ぎだした。叫び声も上がっている。声が聞こえてくるのは、例の女の子がいつも座っている席のあたりだった。バスを停め、サイドブレーキを引いて様子を見に行くと、頭がない死体があった。ものすごい量の血を噴き出しながら、全身をぴくぴくけいれんさせている。

女の子は、いつものように窓から顔を出し、目を閉じて風に当たるのを楽しんでいたが、新しく立てられた標識があるのを知らずに、それに激突し、頭がもげてしまったのだ。

アメリカ国内で流布する〝信じられない状況の事故〟で子どもが命を落とすというプロットの話の舞台が、スクールバスとなる場合は少なくない。これには理由がある。子どもを車に乗せる場合、一般常識を備えた大人は徹底的な安全確保を怠らない。州によって若干の時間差はあるものの、チャイルドシートの装備が法律で義務付けられたのはかなり前で、チャイルドシートの種類も乳幼児用から小学生用まで数多く揃っている。

こうした状況では都市伝説のプロットとなるような事故が起きにくく、多くの人がその事実を認識している。そこで、安全確保の体制が甘くなるスクールバスが舞台として選ばれるようになるわけだ。

よくテレビで〝衝撃スクープ映像〟的な番組を見るが、必ずと言っていいほどスクールバスがらみの映像が出てくる。ドライバーがブレーキとアクセルを踏み間違えて暴走し、車体が横転した事故の直前映像とか、ドライバーが心臓発作で倒れたのに気づいた男の子が、運転を代わって事なきを得た、というビデオを見たことがある人は決して少なくないはずだ。

ここですでに、暗黙のコンセンサスが刷り込まれる。「スクールバスなら、普通では考えられないような事故が起きるかもしれない」あるいは「そういう事故が起きても不思議ではない」と感じる人が多くなる。

とはいえ、スクールバスがらみの都市伝説がまったくの作り話であるわけではない。繰り返し語っているように、都市伝説には一抹の真実が盛り込まれる。そして、この一抹の真実はしばしば時系列を無視する形で、都市伝説的な話を事実に変える論拠となる。

1988年、ニューハンプシャー州で15歳の少年が走行中のスクールバスから顔を出し、電柱に激突して死亡するという事故が起きた。1994年にはニュージャージー州で13歳の女の子が死亡している。その2年後の1996年には、ミネソタ州で13歳の男の子がスクールバスの窓から顔を出し、木に頭を激突させて死亡した。

筆者も確認している少なくとも3件の事故が、プロットに盛り込まれていることはまちがいない。ただし、冒頭で紹介した話の展開どおり〝頭がもげてぴくぴく痙攣している死体〟をドライバーはじめ多くの子どもたちが目撃したという事故は存在しない。この話が事実ではないということは、次に紹介するまったく別の都市伝説によって明らかだ。

ある年の、夏の夜のこと。新しいオープンカーを買ったばかりの男性が、カリフォルニ

ア州の道路を走っていた。左腕を肘のところでドアにかけ、かなりスピードを出していた。

やがて、二車線道路の向こう側からスコップをたくさん積んだトラックが走ってきたが、大して気にも留めなかった。しかし、2台の車がすれ違いざまに、トラックの荷台からはみ出たスコップの鋭い刃先が男性の腕を切り取ってしまった。ただ、あまりに速く、あまりにきれいな切り口だったため、男性は大ケガをしたことさえ気づかなかった。もちろん、トラックの運転手も事故に気づくはずがない。

男性がケガに気づいたのは、しばらく走ったところにあるガソリンスタンドだった。ガソリンを入れるために車を降りようとしたら、ドアを開ける左手がなかったのだ。

左手を切断されて気がつかないわけがない、と多くの人が思うに違いない。ところが、この話の派生バージョンでは「かなりのスピードで走っていたことで強い風が傷口に当たり、それが麻酔と止血効果をもたらした」という説明が付けられている。この話のプロットは、この章で紹介している「飛び込んできた腕」の派生バージョンとも通じるものがある。

信じられない状況で起きる交通事故をモチーフにした話はまだある。さまざまな要素が複合的に、そして複雑に絡み合って起きた大事故に関する話だ。

アメリカ西海岸の、とある大都市。多くの車や人で混み合うダウンタウンのメインストリートを、板ガラスをたくさん積んだトラックが走っていた。トラックのすぐ後ろに、バイクが走っていた。

トラックのタイヤが道路のくぼみに一瞬はまったとき、ガラスを固定していたチェーンがほんの少しずれた。しばらくはそのままの状態で走っていたが、やがて車体の振動でチェーンが外れ、ガラスがずり落ちて、まるでギロチンの刃のように、後ろを走っていたライダーの首をはねた。

切断面があまりにきれいだったので、ライダーは首がない状態のまま走り続け、運転席側からトラックを追い越した。首がないライダーが真横を走っているのを見たトラックの運転手は恐怖のあまり心臓発作を起こし、コントロールを失ったトラックは、そのまま歩道に突っ込んで多くの死傷者を出した。

西海岸の大都市で起きた事故ということだったので、長年の付き合いであるロサンゼルス在住の都市伝説研究家ジェフ・バルサムに電話を入れて事実確認を行った。ジェフの話によれば、まったく同じ事故がロサンゼルスやシアトル、そしてシカゴで起きたとされているらしい。彼自身も事故が起きたとされる都市に足を運んで調べたが、事実であると確認することはできなかった。

スクールバスの事故の話も、スコップで腕を切り取られた事故の話も、「首なしライダー」と無関係ではないだろう。どちらが先に生まれて影響を与えるようになったのか説明しきるのは不可能だ。しかし、双方が影響を与え合いながら進化してきたことはまちがいないだろう。

第3章　子どもに関する都市伝説

【コインロッカーベイビー】日本

こんな話を聞いたことはありませんか?

地方から上京して、東京で一人暮らしをしている若い女性がいた。音楽関係の専門学校に通っていて、仕送りもあったが、都会の暮らしは何かとお金がかかる。そこで彼女は、キャバクラでバイトを始めることにした。やがて生活も楽になり、けっこう派手な遊びもするようになった彼女には、悪い癖があった。惚れっぽいと言えばそれまでだが、だれかれかまわず肉体関係を持ってしまうのだ。

そして彼女は、当然のごとく妊娠してしまった。産むわけにはいかない。そんなことをしたら親に呼び戻されるだろうし、誰の子どもかもわからない。だが、中絶する気にはなれなかった。

お腹が目立つぎりぎりまで店で働いた後、自宅で子どもを産んだ。もちろんひとりで育てる気はない。彼女は生まれたばかりの男の子を抱いて東京駅に行き、駅のコインロッカーに入れてきてしまった。そして学校も辞め、とりあえずは実家に帰り、少し静かに暮らすことにした。

その数年後。彼女はふたたび東京に戻ってきて働くことにした。いやな思い出もあるが、それはそれとして、新しい生活を始めることにしたのだ。

もちろん東京駅には近づかない。自分の手で子どもを捨てたという罪の意識はなかなか消えない。ところがある日、八重洲口にある会社に書類を持っていくよう言われ、仕方なく東京駅に向かった。

あのコインロッカーは、あのときのままだった。近づくまいとしていたが、どうしても視線が向いてしまう。するとそこに、男の子が立ったまま泣いていた。周囲の人はまったく気づかないようだ。年は6歳くらいだろう。迷子になってしまったのだろうか。気になった彼女は、男の子に近づいていった。

「迷子になったの？　お父さんは？」と訊ねると、「知らない」と言う。

「お母さんは？」と訊ねたら、男の子は突然泣き止み、恨みのこもった目で彼女をにらみつけながら、「おまえだろ！」と怒鳴った。

コインロッカーベイビーという言葉が一世を風靡《ふうび》したのは、1970年半ばごろだ。とある記録によれば、1964年、新宿駅にコインロッカーが初めて設置された。その後、都内各所のデパートでも設置が進み、赤ちゃんが置き去りにされた最初の事件は渋谷のデパートで起きた。1973年には1月〜4月の4カ月間で13件というハイペースで置き去り事件が起きた。

生まれたばかりの赤ちゃんが駅のコインロッカーに置き去りにされるという恐ろしい光景をモチーフにした、かなり創作色が強いこの話が流布しはじめたのは1995年以降だ。

この話にもかなり多くの派生バージョンが存在する。舞台が上野駅や新宿駅というバージョンもあるが、首都圏の巨大ターミナル駅が舞台となる理由は、聞き手の〝話の受け容れやすさ〟を増すための微調整であり、話と日常の光景を近づける役割を果たしている。

バリエーションに関してさらに言えば、コインロッカーの前で泣いている子どもが女の子のバージョンもあり、舞台がターミナル駅ではなく、デパートの実名が盛り込まれる形で語られることもある。このあたりは、事実を一部盛り込んでいる。

都市伝説には、友だちの友だちが体験したという話を媒体にして、「こんなことをすると、こんなひどい目に遭う」といったニュアンスで語られる話がある。「コインロッカーベイビー」は、こうしたジャンルの話の代表格ではないだろうか。

噂としては一時期下火になったが、多発する〝幼児置き去り死〟によって再び人々の口に上るようになった。内容は原話バージョンと直結しないが、命を粗末にすることの怖さは共通している。連日のように報道される事件が刷り込まれ、話を受け容れやすい状況が自然に出来上がる。

プロットはやや異なるものの、変化球バージョンとして次のような話もある。

あるところに、美男美女を絵に描いたようなカップルがいた。夫婦仲もよく、幸せに暮らしていたふたりに、さらなる幸せが舞い込む。妻が妊娠したのだ。毎日大きくなるお腹に耳を当てたり、優しく撫でたりして、夫は子どもが生まれるのを心待ちにしていた。そして、とうとう女の子が生まれた。

ところが、生まれたばかりの娘を見た夫妻は表情を曇らせた。あまりにも醜かったのだ。子どもが醜いということで、夫妻はお互いが整形疑惑を抱き合い、あるいは浮気を疑った。しかし相手に対する疑念は、時間の経過とともに娘に向かっていった。こんな醜い子さえいなければ、元通りのふたりになれる。この子さえいなければ……。ふたりの間で、恐ろしい合意が生まれつつあった。

ある日ふたりは、とある公園に娘を連れて行った。親子3人でボートに乗り、大きな池の真ん中まで来たところで、周囲の人が見ていないのを確認し、娘を投げ込んだ。その後は慌てふためく演技をして警察の目も欺くことに成功し、悲劇の両親として同情を買った。ふたりは、醜い娘を始末し、まったく疑われずに済んだのだ。

それから数年後。夫妻は再び子どもを授かった。今度も女の子だったが、ふたりの子どもらしくそれは可愛かった。ふたりは愛情込めて娘を育て、娘もそれに応えるようにすくすくと育った。

言葉を話せるようになってしばらく経ったある日、娘が「ボートに乗りたい」と言った。ふたりは可愛い娘を連れ、あの公園に数年ぶりに戻った。3人でボートに乗り、池の真ん中まで来たところで、娘がふたりを見据え、「今度は落とさないでね」と言った。

この話もかなり創作都市伝説的な香りがするが、プロット自体はラフカディオ・ハーンも『知られぬ日本の面影』という本の中で触れているので、かなり古くから存在するものと考えてよさそうだ。

「コインロッカーベイビー」と「今度は落とさないでね」は、モチーフこそちがうものの、土台となる因縁話めいたプロットの性質はまったく同じだ。ということは、原話パターンはハーンが語っていた話かもしれない。都市伝説が数十年というスパンで生き残るのは珍しくないが、数百年という単位で生き残っている話となると、そうはないだろう。日本人が抱くアーキタイプ的な恐怖の質は、時代を問わないようだ。

【ハロウィーンの毒入りキャンディー】アメリカ

こんな話を聞いたことはありませんか？

ハロウィーンの夜、トリック・オア・トリーティングを楽しみにしている子どもたちが、恐ろしい犯罪の標的となることがある。子どもたちに渡されるお菓子に、薬物が混入されるという事件が起きる。これはアメリカ全土の傾向で、毎年深刻なケースが増えてきている。トリック・オア・トリーティングには大人が同行して、子どもたちがもらったお

菓子を詳しく調べたほうがいい。

ここ数年、日本でもハロウィーンの日にコスチュームコンテストやパレードがさかんに行われるようになった。10月31日の夜の山手線ジャックも、やや迷惑だが、季節の風物詩となっている。

そんな日本でも、トリック・オア・トリーティングという習慣はさほど一般化していない。これは、コスチュームをまとった子どもたちが手にバケツを提げ、近所の家を回って「トリック・オア・トリート」(お菓子をくれないといたずらするよ)と言いながらお菓子を集めるという、ハロウィーンの夜ならではの行事だ。

アメリカでは、トリック・オア・トリーティングに関する恐ろしい噂がかなり前から伝えられている。しかも、毎年9月の終わりあたりになると、〝ごく最近起きた〟という事件についての話がマスコミをにぎわせる。

ここ4年ほどで、まったく同じ時期に酷似した話を4回聞いた。こんな話だ。

毎年10月になると、必ず耳に入ってくる話があります。ハロウィーンの夜に子どもたち

に配るお菓子に毒物を入れるひどい人たちがいるそうです。わたしはミネソタ州ミネアポリスの出身ですが、20年くらい前に起きたという恐ろしい事件について聞きました。ハロウィーンの夜、体調を崩した大勢の子どもたちが病院に運び込まれ、診察を受けたところ、ＬＳＤなどの麻薬や、睡眠薬が入ったお菓子を食べてしまったことがわかりました。毒物をわざとお菓子に入れて渡した人がいたのです。

今年もハロウィーンが近づいてきていますが、安全対策は大丈夫でしょうか？　子どもたちが危険な目に遭わないよう、今から準備しておくことが大切だと思います。

これは、５年前の10月半ばに南カリフォルニアのＦＭ局の番組にかかってきた聴取者からの電話だ。その後ラジオやテレビで同じ噂を見聞きするたびにメモを取っておいた。そして２００９年、ホノルルのローカルＦＭ局でも、いくつかの番組で同じ話題が取り上げられていた。

パターンＡ：俺の従兄弟がシカゴに住んでる。その友だちが子どもの頃に聞いた話。近所の子たちといっしょにトリック・オア・トリーティングをしてもらったリンゴに睡眠薬が注射されていて、いっしょに回っていた友だちの一人がそれをまるまる食べてしまい、突然倒れて入院したらしい。

パターンB：子どもの頃に聞いた話。僕はニューヨーク出身なんだけど、友だちの友だちがマリファナ入りのブラウニー（チョコレートケーキ）を渡されて、それを食べてしまった。急にぐったりしたので両親が慌てて病院に連れて行くと、急性薬物中毒と診断されて、胃洗浄が行われた。その子は3日間入院したらしい。

子どもたちに渡すお菓子に薬物を混入するというプロットの噂は、アメリカでは「ハロウィーン・サディスト」という名前で1960年代の半ばから流布している。ロサンゼルスに住む同い年の友人がいるのだが、彼も小学校低学年の頃から繰り返し同じ噂を聞いているというから、少なくとも40年間は生き続けている噂ということになる。

これだけ長い間生き続けている噂には、ビリーバーも多い。多くのフォークロリストや社会学者、そして警察関係者がこの噂に興味を抱き、慎重な態度で真偽を探ってきた。人生相談で有名なアメリカの女性コラムニスト、アン・ランダースも、1995年「最近、頭のおかしな人々が、ハロウィーンのお菓子に薬物を仕込み、それをわざと子どもに与えるという事件が続発しているようです」と述べている。

この噂を深刻に受け止める親は多い。1974年10月31日、テキサス州ヒューストンに住むマーク・オブライエンという8歳の少年が、もらったキャンディーを食べた直後に急死するという事件が起きているからだ。

ただ、この事件には裏があった。マーク殺害を企てたのは、実の父親だった。息子に多額の生命保険をかけ、ハロウィーンの夜に起きた不慮の事故に見せかけて殺そうとしたのだ。

これまで何回も触れているように、都市伝説が〝事実〟として認識されるプロセスでは、事実と虚実の時系列が逆転することがよくある。昔から噂されている話に似た事件が実際に起きたとき、話の内容が証明されたという意識が芽生える。こうなると、どちらが先だったかというきわめて重要な要素は完全に無視されてしまう。

その結果、アメリカの地方自治体の中には事態を重く見て、あるいは重大事件の防御策として、ハロウィーンの夜になると街の各所にチェックポイントを設け、子どもたちがもらうお菓子を調べるという検査が実施された。80年代前半は、噂に対する恐怖が、こうした過剰反応を生んだこともあったようだ。

1985年、デラウェア大学の社会学部教授ジョエル・ベストは、ジェラルド・ホリウチと協力し、アメリカの大新聞(ニューヨーク・タイムズ、ロサンゼルス・タイムズ、シカゴ・トリビューン、フレスノ・ビー)30年分を徹底的に調べ、「ハロウィーン・サディスト」に関する記事を抽出し、その信憑性《しんぴょうせい》を検証した。

その結果をまとめた『Halloween Sadism: The Evidence』(『ハロウィーン・サディズム:その物証』)という論文では、噂されている話はどれひとつとってもニュースソースが特定できないか(被害者そのものが存在しないパターンがほとんどだった)、あるいはまったくの作り話のどちらかだったという事実が明らかにされている。

ベスト/ホリウチ論文が発表されてから、大げさな検査はなりをひそめた。そして、90年代に入ったあたりからアメリカのトリック・オア・トリーティングのあり方も変わってきた。地方都市では昔ながらの方法で子どもたちが家々を回っているようだが、大都市圏では地域にあるショッピングセンターに子どもたちを集め、そこでイベント的に行われることが多くなった。こうした形で行えば、子どもたちが危険なものを口にすることもない。社会学者の論文や新聞の調査により、噂が嘘であると明らかになった後でも、漠然とした恐怖を感じる大人たちの数は多いようだ。

この原稿を書いていたハロウィーンの近いある日、マンションのエレベーターで初老の女性と乗り合わせた。時節柄、話はハロウィーンのことになる。彼女はこう言った。「おととしのハロウィーンの夜、娘の友だちの友だちの子どもが、トリック・オア・トリーティングでもらったお菓子を食べて入院したらしいのよ……ハッシッシ（大麻樹脂）が混ぜてあるクッキーが原因だったんですって……」

ハロウィーン・サディストのビリーバーは、ホノルルにもいた。毒入りお菓子の話が巷《ちまた》を騒がす噂は毎年帰ってくる。

【ママのひと言】　アメリカ　ヨーロッパ　オセアニア　日本

こんな話を聞いたことはありませんか？

あるところに、パパとママ、そしてお姉ちゃんと弟という4人家族が住んでいました。お姉ちゃんは5歳で、弟は3歳です。とても弟思いのお姉ちゃんは、何かにつけて弟の世

話を焼いていました。

弟はまだ小さかったので、毎晩のようにおねしょしていました。ママもいろいろ考えて悪い癖を直そうとしていましたが、何をやっても効果がありません。

そしてある日。ママはまたおねしょした弟に向かって、こう言いました。「今度おねしょしたら、おちんちん切っちゃうわよ！」

ママとしては、弟を脅かしただけのつもりでした。でも、隣の部屋にいたお姉ちゃんがすべてを聞いていました。

何日か後の朝、ママが外にゴミを出しに行っているときに、弟がお姉ちゃんのところに来てこう言いました。「おねえちゃん、どうしよう。僕またおねしょしちゃった」

弟の話を聞いたおねえちゃんは、すべてを悟ったような表情をしながら答えました。

「あーあ、しょうがないわね。ママが言ったこと、おぼえてるでしょ？　いっしょに来なさい」

そして弟の手を引いて、台所まで連れて行きました。

お姉ちゃんは、家に帰ってくるママを誇らしげな顔で迎えました。そして、こう言ったのです。

「ママ、あの子またおねしょしたらしいから、ママが言ってたとおりにしといたよ」

無邪気な笑いを浮かべながら、お姉ちゃんは手にした包丁をママに見せました。刃にべっとりと血が付いています。ママが慌てて台所に行くと、股間を押さえながら床に倒れている弟がいました。すぐに救急車を呼んで病院に行きましたが、弟は出血多量で死んでしまいました。


この話、アメリカではわりと有名で、よく語られている。派生バージョンを調べると、イギリスやニュージーランド、オーストラリア、そしてヨーロッパ各国でも似たようなプロットの話が語られている。イギリスバージョンは以下のような内容だ。


姉と弟の幼い子どもふたりを連れた若い母親が、夜行フェリーに乗った。弟は船に乗る前からぐずりだし、船が出るといよいよ機嫌を悪くして泣き止まなくなった。あまりにも言うことを聞かないので、母親は弟に向かってこう言った。

「泣き止まないなら、海に投げ込むわよ」

母親のひと言を聞いた弟は、よほど恐ろしかったのか、ぴたりと泣き止んだ。母親はそれまで立つこともできなかったので、姉に弟を見させておいてトイレに行くことにした。席に戻ってくると、弟の姿が見えない。姉に訊ねたところ、次のように答えた。

「また泣いたから、ママが言ったとおり海に投げたの」

ミシガン州デトロイトのウェイン州立大学で教鞭を執るジャネット・ラングロワ教授は、同じプロットの話が1930年代のヨーロッパですでに流布していたという事実を指摘している。ちなみに、ヨーロッパバージョンではまだきちんとトイレができない幼い男の子――ほとんどのバージョンで2～3歳――が主役となることが多い。

オセアニアバージョンでは、さらなる悲劇が盛り込まれる。包丁で弟のペニスを切ったことを姉が明らかにするくだり以降が、次のような展開となる。

救急車を呼ぶよりも自分の車で病院に行ったほうが早いと思った母親は、息子を抱いて車に乗り、エンジンをかけてアクセルを踏み込んだ。

バックで表の道路に出ようとしたが、玄関の前に来たときにちょうど娘が中から飛び出してきて、轢いてしまった。娘は車の下敷きになって即死し、結局息子も車の中で出血多量で死んでしまった。

惨劇の中、ふたりの子どもを失うという悲劇的な展開は、オセアニアだけのものではない。ポーランドでは、次のような古い話がある。

ある小さな町に、夫婦と子ども3人の5人家族が住んでいた。一番上の女の子が5歳、次の男の子が3歳、そして1歳の男の子という家族構成だ。

3歳の男の子は、なかなかトイレができなくて困っていた。いつも床を汚してしまうのだ。母親はその子が床を汚すたびに、「今度汚したら、本当におちんちんを切るからね」と言っていた。

そしてある日、一番下の男の子をお風呂に入れていたとき、外で遊んでいた姉が家に入ってきてこう言った。血まみれのハサミを手にしている。

「ねえ、ママ。あの子またトイレの床汚したから、ママが言ってたとおりにしといたよ」

一瞬のうちに自分が言ったことを思い出した母親は、トイレに走っていった。中に入ると、血の海の中に息子が倒れている。

自分が母親の言うとおりにしたことを褒めてもらいたいのか、背後に立っている娘はニコニコしている。母親は息子の体を抱き上げ、近くの病院に連れて行った。処置が施されている間、待合室に座っていた彼女ははっとした。一番下の子をお風呂に置きっぱなしにしてきてしまった。

慌てて家に帰り、浴室に行くと、一番下の子は顔を下にして水に半分沈み、すでに息絶えていた。母親は、あまりの出来事にその場で気絶してしまった。

次に目が覚めたのは、病院のベッドだった。夫や近所の人々が集まって、心配そうな表情をしている。隣のベッドにふと目をやると、息子が寝ていた。起き上がって駆け寄り、抱きしめたが、息をしていなかった。夫妻は、一度にふたりの息子を失うという悲劇に見舞われてしまったのだ。

ラングロワ教授によれば、この話から生まれたと思われる派生バージョンがヨーロッパ各国で語られているという。

さらには、プロットの細部のニュアンスはやや異なるものの、オセアニアではよく似た話が伝えられていた。噂が最盛期を迎えたのは、第二次世界大戦のさなかだった。

太平洋戦線で戦う夫がいない中、懸命に生きる若い母親がいた。ある日、2階の浴室でふたりの子どもをお風呂に入れているとき、玄関のベルが鳴った。子どもたちをそのままにして急いで1階に向かったが、踊り場におもちゃがあり、それに足を滑らせて転んだ彼女は階段から転げ落ち、最後の何段かで首をひねって骨を折り、死んでしまった。
玄関のベルを鳴らしたのは、夫の戦死を知らせる手紙を届けに来た郵便配達人だった。いくらベルを鳴らしても誰も出てこないのを不審に思った郵便配達人が警察に連絡し、駆けつけた警官がドアを蹴破って入ると、階段の下で首の骨を折って死んでいる女性、そして2階の浴室のバスタブで溺死しているふたりの子どもが発見された。

「ママのひと言」の原話バージョンは、ヨーロッパからの移民によってアメリカに持ち込まれたものだろう。ラングロワ教授は、グリム童話にも同じプロットの話を見つけることができるとしている。ということは、プロット自体はかなり昔の時代のヨーロッパで生まれていると考えていいだろう。アメリカで誰もが知る話となった後、オセアニアや日本にまで届くこととなった。

各派生バージョンの話の方向性を取っても、変化の過程を取っても、都市伝説の進化を検証するにはもってこいの話ではないだろうか。

【真夏の凍死】 日本

こんな話を聞いたことはありませんか？

1歳半になる娘を持つ夫19歳、妻18歳のヤンキー夫妻がいた。ある年の夏、家族で海に遊びに行くことになった。最初は3人で楽しい時間を過ごしていたが、夫婦の間で小さな子どもに直射日光は良くないのではないかという話になった。

そこで、ふたりは娘を車の中で寝かせておくことにした。遊びつかれた頃だったので、ちょうどいい。日光を遮断《しゃだん》するシートをフロントガラスに張り、窓を少しだけ開けて、エンジンをかけたままにしてエアコンを入れる。こうしておけば、熱中症の心配もない。すっかり安心して浜辺に戻ったふたりは、そのまま時間を忘れて遊んでしまった。

ふたりが娘の様子を見に車に戻ったのは数時間後だった。後ろの座席ですやすや眠っている。しかし抱き上げると、息をしていなかった。体も、文字どおり氷のように冷たい。エアコンの温度が低すぎたために体温が低下して、真夏なのに低体温症で死んでしまったのだ。

筆者がこの話を初めて耳にしたのは、2000年の冬だ。幼い子どもを車内に放置したままパチンコ店やゲームセンターで遊んでしまい、車に戻ってみると熱中症などで命を落としていたという事故は後を絶たない。こうした事故は2000年あたりから目立つようになり、2003年からはパチンコ業界団体「全日遊連」が車内放置事故防止キャンペーンを展開している。

ちなみに、2000年6月に、群馬県内のパチンコ店駐車場で生後9カ月の子どもを車内に放置したまま遊んでいて死亡させた母親が重過失致死罪で起訴されている。

業界団体は事故防止に懸命の努力をしているが、ユーザーの意識との間に微妙な温度差があることは否めない。その証拠に、2006年には全国で37件の車内放置事例があった。大人の無責任で命を落とす子どもは決して少なくない。2009年の8月28日にも、秋田県内のパチンコ店駐車場に停めた車の中に生後11カ月の男の子を放置し、死なせた母親が逮捕されるという事件が起きた。

数年間という決して長くはないタイムスパンの中で似たような事件が多発すると、事件の内容が刷り込まれ、プロットに取り入れた話が流布する。聞き手にとっては、事実と虚実の時系列はきわめて曖昧だ。その曖昧さが、都市伝説のライフサイクルを長くする一因となる。

2001年の春、渋谷で街頭アンケート調査を行った際、次のような話を聞いた。

友だちの友だちが体験したホントの話。クラブが大好きな若い夫婦がいて、週末は必ず親や親戚に子どもを預けて渋谷に遊びに来てたらしいの。ある週末、預かってくれる人が誰もいなかったんだけど、その日はかなり前から楽しみにしていたイベントがあったから、どうしても遊びに出たかったわけ。結局渋谷までいっしょに連れてきて、車の中で子どもを無理やり寝かしつけ、百円パーキングに車を入れて、中に置いていくことにしたらしいの。イベントは2時間くらいで終わるから、特に心配はしなかったみたいなの。で、子どもをバックシートに寝かせて、ジャケットをかけて、ほんの少しだけ窓を開けて会場のクラブに向かったんだって。

そして2時間半後。車に戻ってきたら、車の中で寝てるはずの子どもがいないの。必死になってあちこち捜したんだけど、ぜんぜん見つからないの。どうしようもなくて近くの交番に行って事情を話すと、おまわりさんがたくさん来て捜索が始まったんだって。

子どもが見つかったのは明け方近く。おまわりさんのひとりが、子どもを抱いて歩いてる外国人の男に職務質問したらしいの。中東系の男の人がまったくの日本人の赤ちゃん抱いてたら、誰だって怪しいと思うでしょ。

さっそく交番に連れてきて親に会わせると、いなくなった子どもだったことがわかったんだって。そして男はその場で逮捕されたんだけど、動機を訊かれると「金になりそうだったから」って答えたんだってさ。


筆者にこの話をしてくれたのは、22歳の女性だった。冒頭で紹介した話にしても、この話にしても、モチーフはかなりベタだ。ヤンキー夫妻とかクラブ通いの若夫婦という言葉が盛り込まれるだけで、「バカ親」的なニュアンスがかもし出されることは否めない。いかにもステレオタイプ的なイメージが、話を聞く人の脳裏で、マスコミが繰り返し報道する幼児放置死という事実と融合し、虚実である噂が〝信じられる話〟として刷り込まれる。

ちなみにこの話、最近ではメールを媒体にして新しい方向の広がりを見せているらしい。前著『都市伝説の正体』でも紹介している「幼女レイプ事件」に関する噂と抱き合わせ、〝子どもに関する二題話〟(もちろん事実として伝えられる)のような形でやりとりされているらしい。そう言えば、「幼女レイプ事件」が生まれたのも2000年で、一度沈静化したが、2007年になって突如として第二次ブームを迎えた。別の噂に引っ張られる形で再び人々の口に上るようになるというパターンも興味深い。

アメリカで似たような噂を探してみたが、まったく見つからなかった。それもそのはずだ。アメリカでは、子どもはおろかペットを車内に置き去りにしても罰せられる州があるくらいなので、たとえわずかな時間でも幼い子どもだけを車内に残してどこかに行ってしまう大人はいない。法律で罰せられるようなことを敢えてする人はいないので、こうした事件の絶対数が限りなくゼロに近い。よって、同じプロットの話がアメリカで生まれたとしても、聞き手となる人が認識している事実とはほど遠い場合がほとんどになるので、流布はしないということになる。

事例数は減ってきているのだろうが、残念ながら、日本ではまだ「車内置き去り」が後を絶たない。こうした状況が続く限り、古い噂が掘り起こされ、それを基にした派生バージョンが新しく生まれて流布していくのだろう。

【青いおしっこ】日本

こんな話を聞いたことはありませんか？

友だちのお母さんが産婦人科の病院で看護師をしてるんだけど、最近、変なことを心配して子どもを連れてくる若いお母さんが多いんだって。先週なんか、同じことを訊きに来た人が４人も立て続けだったんだってさ。何が心配かっていうと、子どものおしっこの色。ふつうは黄色でしょ？　これって、まったく当たり前の話でしょ？　でも、若いお母さんの中には「先生、うちの子、おしっこの色が変なんです」って訊いてくる人が多いんだって。

先生が「で、どんな色なんですか？」って訊くと、こういう人は必ず「黄色いんです」って答えるらしいの。先生が「それで問題ないですよ」って言うと、これも必ずと言っていいほど「でも、オムツのコマーシャルではおしっこが青いじゃないですか」って食い下がってくるんだってさ。

先生はいつも、黄色いおしっこが正常な理由と、コマーシャルのおしっこが青い理由を延々と説明することになるの。でも、あまりにも同じ相談が多いから、最近では「おしっこが黄色いのは正常です。お子さんが青いおしっこをしたら、そのときに診察を受けてください」って書いたポスター貼ってるらしいの。中に入ってきて、そのポスターを見るだけで帰る人もけっこういるんだってさ……。

まさかな展開のこの話、結構ウケがよく、かなりの浸透度を見せている。おしっこが黄色いのは当たり前だが、その常識の壁を越えたプロットがアピールするのかもしれない。最初に紹介したのは、チェーンメールを媒体としたバージョンの代表的なものだ。

そもそもこの話は、ショートコント的な話を10本ほど集めてチェーンメールにしたものの中の1本だった。最初の頃は10本まとめて箇条書きにした体裁のメールだったが、他の

9本に比べて圧倒的に出来が良かったこの話だけが生き残り、ディテールが変わって話が長くなり、現在に至っている。少し前には、こんな派生バージョンもあった。

オムツの販売をしている超有名企業のお客様相談窓口に、若い女性から電話がかかってきた。話を聞くと、小さな子どもがいるらしい。切羽詰《せっぱつま》った口調に心配した係員が「お客様、どうなさいましたか？」と訊ねると、女性はこう答えた。「あの……。うちの子のおしっこ、黄色いんです。そちらのオムツのコマーシャルではおしっこが青かったので、心配になって電話してしまいました……」

さらに驚くべき事実がある。筆者自身は確認していないのだが、複数のソースから、「2008年にN〇Kの番組で、『うちの子がまだ青いおしっこをしないので心配です』とマジに相談した女性がいる」という情報が寄せられている。国営放送が制作する番組で青いおしっこが取り上げられた理由は、ディレクターさんのシャレ心のなせるわざか。それとも同じ疑問をリアルに抱いている若いお母さんたちが多いということなのか。

さらに調べてみると、この話の発火点がおぼろげながら見えてきた。そもそも、この話は病院回りをしている製薬会社の営業マンの間で〝業界ロア〟として生まれたものが一般人も知るところとなり、それがチェーンメールに乗って一気に広がったというのが全体図らしい。当然のことながら、別バージョンもある。こんな話だ。

オムツを取り扱っている会社に、年老いた女性からクレームの電話がかかってきた。係員の話をさえぎりながら、一方的に話しまくる。
「今日、おたくのオムツが安かったからたくさん買ったんだけど、全部不良品よ！　いくらおしっこを吸わせても、青くならないじゃない！」

おしっこが黄色いことはわかっているが、この会社のオムツはおしっこを吸収するとリトマス試験紙みたいに青くなると思っていた、という含みなのだろう。「青いおしっこ」は、そもそも若い母親の無知を笑うというニュアンスから生まれたものだったはずだが、まるで対抗神話のように、世事に疎いと思われがちな老女をモチーフとして組み込んだ派生バージョンが生まれた。進化の過程で出発点がまったく変わってしまったのは面白いと思う。

さて、「青いおしっこ」は思わぬ方向でスピンオフして、「青いおしっこ症候群」という新語を生んだ。辞書的な定義をするなら、「CMどおりに青いおしっこが出ず、黄色いおしっこばかりする子どもに対してパニックを起こし、悪い病気に違いないと思い込んでしまうこと」となるだろうか。ただし、こうした状況だけをピンポイントに言い表すための言葉ではない。

若い母親だけに限らず、今の世の中は「テレビでやっていたから本当だ」と何の疑念もなく何でも受け容れてしまう人が多すぎるようだ。こうした人々のメンタリティー全般を意味する言葉として使われている。

子育て関連の掲示板などでも、「青いおしっこ症候群」がさかんに取り上げられているのだが、筆者の周囲には赤ちゃんから青いおしっこが出ると思っている人は一人もいない。先日、超有名プロバイダーが主宰するQ＆A掲示板に「うちの子は青いおしっこが出ません。病気でしょうか」という書き込みがされているのを見た。寄せられた回答を見ると、〝ネタ〟であることを前提にしたものが圧倒的に多く、「あれ？　おかしいですね。うちの子は真っ青ですけど」とか、「生まれてすぐから青いですよ」という書き込みが目立つ。

筆者は、「青いおしっこ」が完全な都市伝説であり、笑い話であり、そしてネタとして受け容れられていると信じきっていた。ただ、N○Kの番組がわざわざ取り上げて「そんなことはありえませんよ」と敢えて諭したこと、そして新しい言葉まで生まれたことを考え合わせると、テレビは100パーセント真実を伝える媒体であると信じ込んでいる人もいるのかもしれない。ブレずに生きるための理性の基準は、どこに定めたらいいのだろうか？

第4章　ホラーな都市伝説

【手を舐《な》めるのが犬とは限らない】　日本　アメリカ

こんな話を聞いたことはありませんか？

とある県の人里離れた山の奥に、両親と小学生の女の子という3人家族が住んでいた。ある日両親が、かなり離れたところにある町まで出かけなければならなくなった。女の子もいっしょに行ければよかったのだが、風邪をひいていたので留守番することにした。

家にいるのは、女の子と飼い犬のレトリーバーだけ。両親がいないと、見慣れているはずの家の中もがらんとしていて広く、なんだか怖い。ふたりが帰ってくるのは、夜遅くになるだろう。特にすることもないし、熱っぽかったこともあり、女の子は早く寝ることにした。

電気を消して眠ろうとすると、どこからか水がしたたるような音が聞こえてくる。無視して眠ろうとするのだが、ちょうど気になるくらいの大きさで聞こえてくる。怖くなってしまった女の子は、電気はつけずに、ベッドに入ったままで愛犬の名を呼んだ。体が大きいので、そばにいるだけで温かく、安心できる。

部屋に入ってきた犬は、差し出した手をぺろぺろ舐めた。そうしながらもう一度耳を澄ますと、音は風呂場のほうから聞こえてくる。「ぴちゃっ、ぴちゃっ」という音だ。きっと、蛇口から水が漏れているのだろう。女の子は、いつの間にか眠ってしまった。

女の子は、翌朝かなり早く目を覚ました。なぜか両親はまだ戻っていない。着替えようとして起き上がった瞬間、ベッドの頭の部分に、書きなぐったような大きな文字が並んでいた。

「手を舐めるのは犬とは限らないんだよ」

いやな予感がしたので風呂場に行ってみると、喉のあたりから腹まで大きく切り裂かれた愛犬が天井から吊るされていた。水の音だと思っていたのは、犬の死体から流れ出た血が風呂場の床に落ちる音だったのだ。

スプラッターホラー的な内容の話だ。派生バージョンとしては、町に出かけているはずの両親が風呂場で殺され、その死体が吊るされていて、恐ろしくなって外に出たところで玄関先に倒れている愛犬の死体を発見するという、よりショッキングな展開の話もある。

モチーフの変化に関しては、「手を舐めるのは犬とは限らないんだよ」という文字列が壁に書かれているのではなく、枕元に置かれた封筒の中に手紙のようにして入れられていたというパターンの話が挙げられる。

そもそもこの話はアメリカのティーンエイジャーの間でさかんに語られているもので、誤解を恐れずに言えば「アメリカ版学校の怪談」的な話として分類することもできるだろう。冒頭で紹介したのはチェーンメールを媒体として流布した日本バージョンだが、かなり昔から口伝で広がったアメリカバージョンは以下のような内容だ。

大きな犬を飼っている少女がいた。少女と仲良しだった犬は、彼女が使っているベッドの下が一番のお気に入りの場所だった。少女も犬がいつもベッドの下にいることがわかっていたので、名前を呼ぶかわりに手をベッドの下に入れていた。犬は、返事をするようにしてその手を舐める。

ある夜、少女がひとりで留守番していると、犬の荒い息遣いのような音が聞こえた。いつものように手をベッドの下に入れると、温かい舌がぺろぺろ舐めた。安心して眠ろうとしたが、しばらくして猛烈に喉が渇いたのでキッチンに行って水を飲むことにした。

キッチンに入ると、どこからか「ぴちゃっ、ぴちゃっ」という音がする。電気をつけて蛇口を確かめたが、水は漏れていない。何だろうと思ってシンクに目をやると、そこに血に染まったナイフが無造作に置かれていた。

驚いて後ずさりすると、背中が冷蔵庫のドアに当たった。そのとき、またあの音が聞こえてきた。おそるおそる冷蔵庫を開けると、中に愛犬のバラバラ死体があった。口に紙が突っ込んであり、それには「人間だって手を舐めるんだよ」と書かれていた。

アメリカ版学校の怪談と形容したが、これに当たる「キャンプファイアー・クラシクス」という表現がある。キャンプファイアーを囲んでする怖い話というニュアンスだ。本国アメリカでは、さらに多くの派生バージョンが生まれ、チェーンメールを媒体とした流布が続いている。

最新バージョンの主人公は、一人暮らしの若い女性だ。

ある夜、飼い犬を床に寝かせて自分もベッドに入る。真夜中を過ぎた頃、奇妙な物音で目が覚める。怖かったが、犬の名前を呼びながら手を差し出すと、犬が舐めた。安心して再び眠ったが、翌朝犬がシャワールームで殺されているのを見つける。死体は天井から吊

り下げられていた。ベッドルームの犬が寝ていた場所には、「人間だって手を舐めるぞ」という文章が書かれた紙が置いてあった。

いずれのバージョンにも言えることだが、語られるとき、あるいはメールで送られてくる文章に「ぽたっ、ぽたっ」とか「ぴちゃっ、ぴちゃっ」といった擬音語が盛り込まれることが多い。これは、そもそも口伝で広がったときに擬音語が多用されたからではないだろうか。まさにキャンプファイアーを取り囲んで語られる話だったことがうかがわれる。

プロットに関して言えば、『都市伝説の正体』で紹介している「電気をつけなくてよかったな」によく似ている。朝になって初めて驚愕の事実を知るという流れがそっくりだ。さらには、恐ろしいものがいたのはすぐそばだったという部分は「家の中にいるんです」のプロットも感じられる。

「手を舐めるのが犬とは限らない」は、アメリカではいまだに都市伝説の掲示板で紹介される頻度が高い。少女が犬と留守番しなければならなくなったくだりから、オチの部分まで延々と綴っていくものもある。チェーンメールバージョンでは、話の主人公の少女が何年か後に殺されたという事実を語るものもあり、チェーンメールらしく23分以内に23人の人に同じ内容のメールを送るよう迫る。

同じプロットの話は、１９６０年代から語られていたようだ。主人公がふたりの女性で、殺された犬の死体に添えられた手紙に「また来るぞ。お前らもやるチャンスはあったが、今回はやめておいた。手を舐めるのは犬だけじゃない」と書かれていたというバージョンもある。

キャンプファイアーのかたわらで生まれた話は、新しい道具を次々と媒体として、これから先も世代をまたがりながら広く知られていくことになりそうだ。

【隙間《すきま》女《おんな》】日本

こんな話を聞いたことはありませんか？

都内某所にある、地方出身者のための女子寮。さまざまな地方からさまざまな大学に通う女子大生がたくさん住んでいる。ここに、ある年の春から都内の女子大に通うため住みはじめた女の子がいた。親元を離れて暮らすのは初めてだったので、最初は寂しかったが、寮に住んでいるのは同じ年頃の女の子ばかりだ。前期の授業が終わる頃には、毎日が楽しくて仕方なくなっていた。

夏休みの帰省から寮に戻ってきた夜、自分の部屋に入った瞬間に、それまでなかった異質な空気を感じた。誰かが部屋の中にいるような気がしてならない。吐息さえも聞かれまいとして、気配を消し、息を押し殺しているような感じだ。疲れてるだけ。彼女はそう思った。シャワーから出た後もいやな空気を感じ続けていたが、その日は無理やり寝てしまった。

しかし、その日を境に、毎日のように部屋の中で自分を見つめる視線を感じるようになってしまった。気のせいなどという言葉では済まされない。夜はカーテンを閉め切ってしまうので、外から覗かれているわけがない。壁に穴が開いているのかもしれないと思って調べてみたが、そもそも女子寮なので、隣の部屋から覗かれることはない。それでも視線を感じ続けたので、ある日友だちに頼み、部屋の中を徹底的に調べることにした。

４人で部屋の隅々まで調べたが、何もない。もう諦めようということになって、友だちにお礼を言った彼女はふと、タンスと壁の間を見た。すると、そこのわずか数センチの隙間に髪の長い女が立っていて、彼女をじっと見つめていた。

このバージョンはあとづけのモチーフがかなり多く盛り込まれたもので、原話バージョンから数世代の進化を遂げていると考えられる。人が絶対に立てない、狭い場所でじっと見ている女の話を初めて聞いたのは、とあるテレビ番組だった。芸能人が次々に自らの恐怖体験を語る「本当にあった怖い話」的な番組だ。その番組に出演していたタレントの桜金造《さくらきんぞう》氏がしていたのが、次のような話だった。

とある番組の収録でいっしょになった後輩が仕事場に来ない。心配になったので、アパートの部屋を訪ねてみると、まだ部屋にいた。玄関先に出てきたところで「何で仕事に来ないんだ？」と問い詰めると、「いや……。女が行くなって言うんですよ」と答える。それなら俺が話をつけると言って中に入るが、そこには誰もいない。「女なんかいないじゃないか」と言うと、台所にいるという。台所に入っていくと、冷蔵庫と壁の間のわずかな隙間に女が立っていた。

桜バージョンから派生したと思われる話は、当然のことながら若い男性が主役となる。隙間女を見つけるまでのくだりはさまざまだが、どの話も、ほぼ100パーセントが「冷蔵庫（あるいはタンス）と壁の間にできたわずかな隙間に女が立っていた」というオチで終わる。また、隙間女が赤いワンピースを着ているとか、赤い口紅を塗っているというバージョンもある。このあたりは、なんとなくキャラクター系都市伝説（口裂け女とか、人面犬といった類の話）という方向での進化も感じさせる。ちなみに、隙間に立っているのは男であるという設定もある。

目が合うと異次元に引き込まれて物質世界に帰ってこられなくなるとか、背後から「かくれんぼしよう！」と突然、隙間女（あるいは男）にもちかけられ、うっかり話に乗ってかくれんぼするが、鬼の役をする隙間女に捜せない場所はない。「みーつけた！」と言われて襟首《えりくび》をつかまれ、異次元に連れ去られるというバージョンもある。

数々の派生バージョンがさまざまな方向に伸びているため、プロットそのものも比較的新しいと感じられるが、実はそうではない。そもそも、隙間女の原型は江戸時代の『耳《みみ》嚢《ぶくろ》』という随筆集に記されている。この随筆集は根岸鎮衛《ねぎしやすもり》という町奉行が書いたもので、ひとことで言ってしまえば大江戸奇譚集といった趣の一冊だ。

全10巻の9巻目に、「房斎新宅怪談《ぼうさいしんたく》の事」という話が記載されている。房斎という名の菓子職人が数寄屋橋の新居に引っ越したが、2階の部屋にある引き戸がなかなか開かない。何とか開けようとして力を込めると、わずかにできた隙間から女が現れ、襲いかかってきた。無我夢中で女の体を押し返すと、煙のように消えてしまったという話だ。

厳密に言えばまったく同じではないが、隙間と女というふたつのキーワードが盛り込まれた話が1800年代の本に記されている事実はきわめて興味深い。キャラクター系都市伝説を思わせる派生バージョンが「房斎新宅怪談の事」から直接生まれたと言っても、さほど違和感はない。

しかし筆者は、桜バージョンがテレビで紹介されたからこそ、隙間女という噂が定着したと考えている。さらには、次のような派生バージョンも生まれた。

彼女が一人暮らしをしているアパートを訪ねた男性が、トイレに入ったときのこと。すりガラスに顔を押し付ける感じで、誰かが中を覗いている。痴漢に違いない。見た感じでは中年男だ。顔の脂の跡までわかる。捕まえてやろうと思い、男性はトイレの電気をつけっぱなしにしたまま急いで玄関まで行き、思い切り走って、ちょうど建物の裏側にあたるトイレの窓のところまで来た。

ところが、もう誰もいない。どんなにかかっても10秒くらいだったはずだ。高いブロック塀があるので、そうそう簡単には登れない。そう思いながらブロック塀に手をかけ、上半身だけ持ち上げて向こう側を見た彼はぞっとした。

窓にはステンレスの格子が取り付けられていて、その格子とすりガラスの隙間は10センチくらいしかない。トイレの中を覗いていた奴は、鼻の先から後頭部までの奥行きが10センチ以下だったことになる。

部屋に帰ると、彼女が心配そうな顔で「どうしたの？」と訊ねた。いやなものを見てしまった彼は、「いや、何でもない」と答えるしかなかった。

どうやら「隙間女」とその派生バージョンの話は、実話怪談的な方向で進化し続けているようだ。そして前述のとおり、キャラクター系都市伝説という性格も併せ持っている。だからこそ語られやすく、受け容れられやすい話となって、広く深く浸透するのだろう。

【見えてるんでしょ?】日本

こんな話を聞いたことはありませんか?

霊感体質の女性が、横断歩道で信号が変わるのを待っていた。急に寒気がしたので、何だろうと思って道路の向こう側を見ると、人の群れの中に異様な雰囲気を漂わせながら立っている女がいる。見た目は、どこがどうおかしいということはない。ただ、言葉にできない異質なものが感じられる。とても生きている人間とは思えないのだ。信号が変わって横断歩道を渡り始めた後も、その女と目を合わせないように下を向きながら歩いた。しかし、すれ違いざまにうっかり顔を上げると、女と目が合ってしまった。女は、ニヤリと笑いながらこう言った。「見えてるんでしょ?」

ホラー系都市伝説の中でもよく知られ、よく語られる話だ。実話怪談ではないかと言う人もいるだろうが、同じプロットでモチーフが異なる派生バージョンが数多く存在するので、筆者としては都市伝説として紹介しておく。

実話怪談と言う人がいるのではないかという理由は、こういうことだ。とあるテレビ番組で、お笑いコンビ「やるせなす」の中村豪《なかむらつよし》さんが、都市伝説で語られているままの話をしていた。

ある日、仕事が終わって渋谷に買い物に行くと、センター街で膝がパックリ割れて血を流しながら歩いている青年がいた。不思議なのは、どこに行っても彼がつきまとってくることだった。あちこち歩きながら買い物を続けていると、とある交差点でまたも会った。ふたりは、交差点をはさんで立ちながら信号が変わるのを待った。信号が変わったので歩き出し、すれ違いざまに目が合って、青年はこう言った。「きみ、見えてるよね？」

この世の人間ではないと悟ったので、まっすぐ家には帰らず、怖さをまぎらわすために友だちを呼び出して食事をして帰った。

ところが家に帰ったら、出るときに消したはずの電気がついている。おかしいと思いながら中に入ると、昼間の青年がいて、「遅いよ」と言われた。

中村さんは、芸能界でもかなり霊感が強いことで知られているようだ。そんな中村さんがテレビで公表した実体験のプロットはあっという間に広まった。筆者も、「見えてるんでしょ?」は実話怪談だと思ったこともあった。しかし、さまざまなモチーフをまるで同じプロットに載せたとしか思えない話が多すぎるのだ。

ふたりの女子大生が渋谷の公園通りを歩いていたときの話。ひとりが何気なく前を見ると、道路を挟んだ横断歩道に日本陸軍の軍服を着た男が立っていた。体のあちこちに銃で撃たれた傷とか、刃物で切られた傷があり、血まみれの状態だ。NHKが近いから、何かの番組のロケかなと思ったが、そのわりには周囲にスタッフらしき人の姿がまったく見えない。それに、真横を歩いている友だちも、他の人たちも、この男の存在にまったく気づいていないようだ。急に怖くなった彼女は、男と目を合わせないように下を向きながら歩いた。しかしすれ違いざまに、男は低い声でこう言った。「お前、見えてるんだろ?」

このバージョンが流布したのは、筆者が中村さんの話を聞いた後だと記憶している。つまり、中村さんの体験から派生したバージョンである可能性が高い。ディテールを見ても、舞台が渋谷であること、そして女子大生の目に映った軍服の男が全身傷だらけだったことなど類似点が目立つ。そして、軍人バージョンは次のような変化を見せる。

とある女性が友だちといっしょに歩いていたときのこと。横断歩道で信号が変わるのを待っていました。信号が青に変わって歩き出し、ふと前を見ると、軍服を着た男性が自分をまっすぐに見据えながら歩いてきます。変だなと思いながら友だちを見ましたが、まったく気づいていません。そして、軍服の男性はすれ違いざまにこう言いました。

「見えてるくせに」

それからしばらくして、怖い体験の記憶が消えかけていた頃のある日、玄関のチャイムが鳴ったのでドアを開けると、あの軍服の男が立っていて、突然、銃を発砲しました。至近距離から撃たれた彼女は、即死でした。

この話を聞いた人は、3日以内に軍服の男に会うことになるでしょう。

このバージョンは口伝という形ではなく、メールを媒体にして語られるときに圧倒的に多いパターンだ。「死にたくなければ、30人に同じメールを回してください」という決まり文句が付くバージョンもある。ただ、派生バージョンとしては明らかに失敗だった。原話バージョンのオチ以降にさらなる怖さを盛り込むため付け足した部分が、まったくの逆効果になり、チェーンメールのコレクションでしか見られない話となってしまった。その一方で、秀逸な進化を果たした派生バージョンもある。

ある年の花見。市ヶ谷のお堀に集まった、とある会社員グループの宴会で、新入社員の男性が場所取りから買出しと忙しく動き回っていた。宴会が始まった後も、タバコだビールの追加だと座る間がない。何回目かのお使いから帰ってきたとき、グループから少し離れたところに、防空頭巾を被った小さな女の子が立っている。新入社員の男性は、子どもの頃から見えないはずのものが見えたことを思い出した。久しぶりの感覚だ。こんなときは、無視するに限る。何もなかったかのように、先輩たちにお酌して回り、女の子の前を通り過ぎようとしたとき、女の子が言った。

「お兄ちゃん。わたしのこと見えてるんでしょ？」

とある霊感体質の女性が体験したという本当の話。ある日、横断歩道で信号待ちをしていたときのこと。向こう側にお父さんとお母さん、そして小さな女の子とその弟という4

人家族がいた。だが、どうも様子がおかしい。弟は両手で両親と手をつないでいる。両親は弟に話しかけるばかりで、すぐ隣に立っている女の子には振り向きもしない。寂しそうな表情をしている女の子の体は透き通ったような感じで、とてもこの世の人間とは思えない。

信号が変わって歩いていくと、すれ違いざまに女の子と目が合った。その瞬間、女の子はこう言った。「見えてるんでしょ……」

【伝染歌《でんせんうた》】　ヨーロッパ　アメリカ　日本

こんな話を聞いたことはありませんか？

偶然耳にしたり、あるいは意図的に歌ったりする人々に不幸を伝染させる力を持った歌が存在する。何らかの呪いが込められた歌、と表現することもできるかもしれない。歌に込められた呪いの力が不慮の事故、自殺、そして失踪などの不幸をもたらすのだ。

2007年、『伝染歌』というホラー映画が公開された。歌えば必ず命を落とすという恐怖の歌をモチーフにした物語だ。この映画に出演した人気アイドルグループの公式ウェブサイトに、映画の背景に関する情報が書かれている。実在するのろいの歌『暗い日曜日』についての文章だ。

〝自殺の聖歌〟という異名を持つ『暗い日曜日』(原題:『Sombre Dimanche』)は、シェレッシュ・レジェー作曲、ヤーヴォル・ラースロー作詞で1933年にハンガリーでリリースされた。

聞いてみると、確かに気が滅入る陰鬱なメロディーだ。歌詞の内容はわからないものの、聞いていて楽しい曲ではない。ハンガリーでは、この曲を聞いて多くの人々が自殺を遂げたと伝えられている。陰鬱な旋律と歌詞が第二次世界大戦下の暗い世相に相乗効果をもたらし、世をはかなんだ人々が自らの命を絶ったという話もある。

『暗い日曜日』に関しては、この曲がたどるその後の運命を決定づける事実がある。作曲者のシェレッシュ・レジェーが、1968年に投身自殺を遂げているのだ。作曲者の自殺という衝撃的な事実が、発表後75年以上経過した今の時代でもおどろおどろしいイメージを生み出す原動力に違いない。

『暗い日曜日』を聞いて自殺したという人の話はヨーロッパ中で流布している。首を吊っているところを発見されたとき、この曲がかかっていたという話もあるが、これはその部屋でたまたまこのレコードが見つかったという程度の事実が誇張されて伝えられたものだろう。

禍々《まがまが》しい響きを持つ歌は、『暗い日曜日』に限らない。昔の言葉で言えばウェストコーストサウンドの代表的グループ、イーグルスのメガヒット・アルバムである『ホテル・カリフォルニア』にもさまざまな噂がある。ジャケットに悪魔崇拝主義者の姿が写り込んでいるとか、アルバムのジャケットにサブリミナル効果がある写真が使われているといった話がまことしやかに囁《ささや》かれていたが、有名なのは『ホテル・カリフォルニア』の内容と、この曲にバックマスキングというテクニックが使われ、隠されたメッセージが録音されているという噂だ。

歌詞の内容は、意味どおり取る限りでは、砂漠の中に建つホテル・カリフォルニアに立ち寄った男性が、「ここから立ち去ることはできない」と告げられるという流れだが、各所に〝スピリット〟(魂)や〝ビースト〟(野獣)といった、地獄や悪魔を思わせるキーワードがちりばめられている。

意味深な歌詞の内容もさることながら、〝バックマスキング〟というレコーディング手法も大きく取りざたされた。レコードを逆回転させると、特定のメッセージが聞こえる。『ホテル・カリフォルニア』の場合は、1番の歌詞に“There were voices down the corridor, thought I heard them say, welcome to the Hotel California”（廊下に響く声は、ホテル・カリフォルニアへようこそ、と言っているように聞こえた）という部分がある。この部分をレコードで逆回転させると、“Yeah, Satan, he organized, oh, he organized his own religion. Yeah, when he knows he should, how nice it was delicious”（そうだ、サタン。おお、彼は自らの宗教を立ち上げた。そうだ、彼はそれがいかに素晴らしく、いかに美味であるか知っていた）というふうに聞こえるという説がある。ロサンゼルスに、カリフォルニアストリートという道がある。この道に悪魔崇拝者の教会が建てられた経緯を歌ったのが、『ホテル・カリフォルニア』の本質だというのだ。

バックマスキングのもうひとつの有名な例は、レッド・ツェッペリンの名曲『天国への階段』だ。かなり長い曲だが、ギターソロ直前のパートは、次のような歌詞になっている。“If there's bustle in your hedgerow, don't be alarmed now, it's just a spring clean for

May queen. Yes there are two paths you can go by but in the long run there's still time to change the road you're on"（庭の垣根が音を立てても驚いてはいけない。5月の女神を迎えるための掃除をしているだけだ。行ける道はふたつある。ただ、今立っている道を変える時間はまだある）

ここを逆回転させると、こう聞こえるという。"Oh here's to my sweet Satan. The one whose little path would make me sad, whose power is Satan. He'll give those with him 666, there was a little toolshed where he made us suffer, sad Satan"（甘美なサタンに乾杯。サタンの小路は私を悲しませる。６６６の数字をもたらし、わたしたちは小さな小屋で苦しむ。悲しきサタン）

さらには、２００９年6月に亡くなった〝キング・オブ・ポップ〟マイケル・ジャクソンの楽曲にも次のような例がある。

"So beat it!"

"I do believe it was Satan in me!" =「僕の中のサタンがしたに違いない」（『今夜はビート・イット』）

"You better run, you better what you can, don't wanna see some blood don't wanna be a macho man”

“S-A-T-A-N. S-a-y. People all worship” ＝「S－A－T－A－Nと言え。すべての人々が崇拝する」（同上）

“I'm starting with the man in the mirror, I'm asking if he'll change his way”

“Come on. Yeah Satan, yeah, just like me exact” ＝「さあ、来てくれサタン。そうだ。僕みたいに」（『マン・イン・ザ・ミラー』）

各アーティストの名誉のためにことわっておくが、ここで挙げた曲はすべて「そう聞こえる」と主張している人がいて、それがネット上や口伝で広がっているという事実がある、ということだ。

ややニュアンスは違うものの、日本にも人を殺す力を秘めると伝えられている詩がある。それは、西条《さいじょう》八十《やそ》の『トミノの地獄』という詩だ。黙読するだけなら問題ないが、音読すると死に至るという。詩人の寺山《てらやま》修司《しゅうじ》氏が１９８３年に47歳という若さで亡くなった理由は、タブーを犯してこの詩を音読したからだったという話もまことしやかに伝えられている。「姉は血を吐く、妹は火吐く」という言葉で始まり、「赤い留針だてにはささぬ、可愛いトミノのめじるしに」という言葉で終わるまで、なんとも陰惨な響きを宿した文字が並ぶ。

聞いてはいけない曲、逆回転させてはいけない曲、そして音読してはいけない詩。いわれのない恐怖感は、さまざまな形で表現される。

【星を見る少女】日本

こんな話を聞いたことはありませんか?

ある晴れた夏の夜。自宅アパートに戻ってきて階段を上っていた青年が、通りをはさんで向かいにあるアパートの2階の窓際に女の子がいるのに気づいた。女の子は、うっとりするような表情を浮かべながら夜空を見上げている。青年もつられるようにして夜空を見上げた。数え切れないくらいの星がまたたいている。視線を元に戻すと、女の子は相変わらず空を見上げていた。彼がいることに気づく様子もないので、そのまま自分の部屋に向かった。

そして翌日の夜。向かいのアパートの2階の窓際には、また女の子が立っていた。よほど星が好きなんだろう。身動きひとつせず、じっと空を見続けている。なんてロマンチックなんだ。彼は、名前も知らない女の子のことが気になりはじめた。

その翌日は、とても憂鬱《ゆううつ》な気分になった。午後の早い時間から雨が降りはじめ、そのまま明け方まで雨が降り続くという予報だった。こんな天気じゃ星は出ない。彼女も夜空を見上げてはいないだろう。

重い足取りで階段を上りながら向かいのアパートを見ると、なんと彼女が立っていた。どんよりと曇った空を見上げる姿勢は、ここ2日間とまったく同じだ。青年は、嬉しくなった。そして、今日こそ話しかけてみようと思った。

向かいのアパートまで走って行き、階段を勢いよく駆け上がって部屋の前に立ち、ドアをノックする。しかし返事がない。力を入れてもう一度ノックしてみる。それでも室内はしーんとしたままだ。

ノブにさわると、あっさり回った。鍵はかかっていない。ドアがわずかに開いたところで少しためらったが、彼はそのまま開けた。

部屋の中は暗かった。そしてなんともいえない臭いに吐き気を覚えた彼が真実を知るまでに大した時間はかからなかった。

窓辺に立った女の子は、夜空を見上げていたのではなかった。窓枠に縄をかけ、首吊り自殺をしていたのだ。

新興学園都市として名高い茨城県T市には、なぜか奇妙な噂が多い。土着怪談めいた話から、バイオテクノロジー研究にまつわる最新の都市伝説まで、舞台となることが多いのだ。その中でも有名なのがこの話だ。「オリオン座を見つめる少女」という別名もあり、かなり多くの人に知られているので、トラディショナルという分類でもいいかもしれない。T市らしい具体的な背景をモチーフとして盛り込んだ次のようなバージョンもある。

茨城県のT大学で研究員をしている男性がいた。ある年仕事が忙しくなり、朝早く家を出て深夜に帰宅するという生活パターンが続いた時期がある。そんなある日、男性がマンションの駐車場に車を停め、向かいのマンションを見上げると、屋上の手すりのところに立っている女性の姿が見えた。こんな夜遅くに何をしているんだろうと思って見ていると、女性も見られているのに気づいたらしく、軽く会釈してきた。

翌日もかなり遅い時間に帰宅したが、やはり同じ場所に同じ女性がいて夜空を見上げていた。そして彼がいるのに気づくと、会釈する。新しい知り合いができたと思った彼は喜んだ。そして、他に誰もいない時間に彼女と会い、挨拶するのが楽しみになった。一日を終える儀式のような気になったのだ。

次の日は、帰宅が明け方になってしまった。いつものように車を停め、さすがに今日はいないだろうと思いながらいつもの場所を見上げると、やはり彼女はそこにいた。風も強いのに、いつもよりも深くお辞儀をしている。話をしない手はないと思った彼は向かいのマンションまで走って行き、階段を駆け上がった。

ところが、屋上に出た彼が見た光景は、想像を絶するものだった。給水タンクを固定するワイヤーに縄をかけた若い女性が、首吊り自殺をしていたのだ。会釈に見えたのは、死体が風に揺られているだけだった。

同じプロットの話が、T大学の学生寮の○号室で起きた実話として語られることも少なくない。こうなると、T大学を舞台とする〝キャンパスロア〟（学生の間で広がる都市伝説）だ。実話であるなら、なんらかの報道があってしかるべきだが、どんなデータベースを当たっても同じ状況で起きた事件を確認することはできなかった。

マンションバージョンに関して言えば、まったく別の都市伝説のモチーフを取り込んでいることが考えられる。女性が自殺していた場所が、屋上の貯水タンクだったというくだりだ。この部分は、別章で紹介する「貯水槽の死体」という話で触れることにする。

さて、筆者には、「星を見る少女」がさかんに流布していたまさにその時期、T市内に住んでいた友人がいる。そこで、彼に何か知らないか訊ねてみたことがある。彼がしてくれた話から、思わぬ形で進化したスピンオフ・バージョンがあることを知った。結論から言えば、冒頭で紹介したバージョンの発展型だ。


青年は、実際に死体を見たわけじゃない。彼は、近所の人から聞いてその部屋で自殺があったことを知っていた。いつも同じ姿勢で立っている女の子の姿を見て不審に思った彼は、向かいのアパートの管理人に会って話をすることにした。自殺があった部屋に、毎日同じ姿勢で立っている人間がいるのは気味が悪いからだ。

すると、管理人からこう言われたらしい。「あの部屋は、なかなか人が入らないんですよ……。入ってもすぐに出て行ってしまうんです。この間入ってくれた人も、2週間で出て行ってしまいました。だから、部屋に人がいることはありません」

青年が見ていたのは、自殺した女性の幽霊だったというわけ。この話はかなり有名で、○○荘の○号室、みたいに具体的な形で伝えられている。ただ、事件現場とされているアパートは何十軒もあるけどね。

事件現場のアパートはT市内に限らず、日本全国に存在するとされている。大学生が、通学路にあるマンションで見る女性というバージョンもある。この話は、キャンパスロアとして生まれたものが、トラディショナルな都市伝説に昇格したのかもしれない。

第5章　動物に関する都市伝説

【メキシコの野良犬】　アメリカ　ヨーロッパ

こんな話を聞いたことはありませんか？

ビバリーヒルズに住む裕福な夫妻が、メキシコの有名リゾート地カンクンに旅行することになった。コテージ風の造りのホテルに泊まり、ゴージャスな料理とオプショナルツアーを楽しむ10日間の旅だ。

カンクンに着いた夜、シャワーから出た妻が窓を開けると、妙な外見の小さな犬がいた。犬が大好きだった彼女は、ルームサービスで取った夕食の残りを外に投げ、犬が駆け寄ってきておいしそうに食べるのをほほえましい思いで眺めた。

この犬は、次の日もその次の日も窓辺にやってきた。すっかり慣れたようで、4日目の夜にはベッドに入ってきていっしょに寝るようになった。やせ細って、毛もあまり生えていない。犬として外見は良いほうではないが、鼻をすり寄せてくるしぐさが可愛くて仕方がなかった。そして彼女は、この犬を自宅に連れて帰ることにした。

帰国する朝、彼女は犬を大きな毛布にくるんで空港へ行くリムジンに乗り込んだ。ときどき中を確かめると、細長い舌でぺろぺろ手を舐める。

やがて空港に着いて荷物を降ろしてくれたリムジンのドライバーに、犬の種類を訊いてみることにした。毛布の中を覗きこんだドライバーが答えると、彼女はその場にへたりこんでしまった。

彼女がチワワか何かだと思っていた〝犬〟は、メキシコで大繁殖している体が大きなネズミだったのだ。

ツッコミどころが多い話ではある。いくらなんでも、ネズミとチワワを間違えるわけはないだろう。しかしそこを否定してしまうと、この話は都市伝説として成り立たなくなり、流布することもなかったはずだ。アメリカでは1980年代初頭から流布し続けているので、ツッコミどころに食いつく人の絶対数は少なかったようだ。30年近く噂されていることも手伝って、派生バージョンもかなり多く存在する。

裕福なアメリカ人夫妻がメキシコ旅行に出かけ、旅先（ここで紹介したバージョンのように宿泊先のホテル、あるいは食事をしたレストランの路地裏などのバリエーションがある）で知り合った犬に一目ぼれした妻がそれをアメリカに連れ帰ろうと決めるまでは同じ流れで進む。

展開がさまざまに異なるのは、そこから先だ。空港に向かうバスでたまたま乗り合わせた老人に犬を見せ、「何の種類ですか?」と訊ねたら「奥さん、それはネズミだよ」と告げられるバージョンもある。

別のバージョンでは、車で旅行に出ているという設定があらかじめ説明される。ティファナとサンディエゴの国境を越えるときには毛布でくるんで隠し、ロサンゼルスの自宅に帰ってきて飼い始めた後も、吠えることはまったくなかった。まあ、ネズミなんだから当たり前だ。

ある日このペットは、あやまって便器の中に落ちてしまう。慌てて助けた後、妻が何かの菌が体に入っては大変と思って獣医に連れて行くと、そこではじめてネズミである事実がはっきりするという、一段落分展開を加えたバージョンもある。

考えてみれば、この話はかなり差別的な内容かもしれない。メキシコでは、アメリカ人観光客が多く訪れるリゾート地でさえ〝犬ほど大きなネズミ〟が徘徊《はいかい》している、という現実とはかけ離れたイメージが話の大前提になっているからだ。

また、アメリカ人にとってネズミは嫌悪の対象となることが多い。ありとあらゆる病原体の温床とされ、食べ物に関する都市伝説にもたびたび登場する。『トムとジェリー』のジェリーや、ミッキーマウスとミニーマウスなど、国民的アイドルキャラになることもあるのに、筆者としてはそのギャップが不思議でならない。良くも悪くも身近な生き物ということなのだろうか。

「メキシカン・ペット」と呼ばれるこの話の伝播の過程と流布の度合いを調べたジャーナリストがいる。サウスカロライナ州グリーンズビルの地元新聞『グリーンズビル・ニューズ』のリース・ファント記者だ。その結果、以下のように伝播の過程をたどることができた。

僕自身は上司から直接聞いた。上司に訊ねると、奥さんから聞いたらしい。奥さんは仕事場の同僚から聞いた。その同僚は夫から、そして夫はグリーンズビルで働く男性から聞いたという。そのグリーンズビルで働いている男性は、母親から聞いたらしい。その母親は、イーズリーで働く友だちから聞いた。その人は、職場の上司から聞いたということだったが、その上司は「友だちの娘が実際に体験した」として話したという。

ツッコミどころの多さは変わらない。各種のバージョンで矛盾点が否定されない理由は、ネズミに対する嫌悪感が話の整合性に勝つからではないだろうか。

さて、「メキシカン・ペット」のさらなる派生バージョンは思わぬ方向に伸びていった。沿岸部の都市のボルティモア、サンフランシスコ、ニューヨーク、マイアミなどでは、いわゆる〝ボートピープル〟といっしょに船に乗っていたアメリカでは未知種のネズミが上陸したという新たなプロットが生まれた。

ヨーロッパでは、正体がわからないペットの出身国に関するバリエーションが多く見られる。オランダではエジプト旅行をした夫妻が連れ帰った犬、ドイツ人夫妻がスペイン旅行、イタリア人夫妻がタイ旅行といったぐあいだ。

また、1996年、ウクライナの『ヴセユクラインスカヤ・ヴェドモスティ』という新聞に次のような内容の記事が載ったことがある。

とある男性がパキスタンから連れ帰ったブルテリアの子犬が、その男性の息子を襲い、耳を食いちぎるという事件が起きた。病院で手当を受けたところ、その子犬の歯型が犬のものではないことが明らかになった。

医師が詳しく調べると、ブルテリアの子犬だと思っていた動物はパキスタンに生息する珍しいネズミの一種であることがわかったのだ。この種のネズミは、成長しきる前の時点でブルテリアの子犬にそっくりの外見となる。

そんなことがあるわけがない、と思う人が多いに違いない。しかし、あり得ないような話がきちんとした新聞記事になってしまうこともある。以下に紹介するのは、イギリスのタブロイド紙『ＳＵＮ』の２００７年４月26日付の記事だ。

何千人もの裕福な女性が、子羊を高価なミニチュア・プードルと言われて買い、騙されるという被害が日本で相次いでいる。国際的犯罪組織の介在も見え隠れするこの詐欺事件は、日本の有名女優も被害者となっている。

日本の有名女優がテレビで〝ミニチュア・プードルに似た子羊〟の話をしたのは事実だ。ところがこの女優さんは「この間行きつけのネイルサロンでこんな話を聞きました」として紹介しただけで、被害には遭っていない。それがどこでどうなったのか、彼女自身も被害者ということになってしまった。ちなみに、この女優さんのもとにはオーストラリアのテレビ局やCBS、そしてCNNといった有名報道機関からのコンタクトが殺到したという。事件の背景には、欧米における「メキシカン・ペット」の浸透度があると思う。

2009年、某新聞社が管理する英文ニュースサイトが閉鎖に追い込まれた。あまりにも事実とかけ離れた報道内容に、多くのクレームが寄せられたためだ。このサイトは都市伝説的な話を進んで取り上げる姿勢だったので、筆者としてはとても悲しい。

ネット環境が整うにつれ、情報速度が上がるとともに情報距離が短くなっている。しかし、短くなる＝正確になるとは決して言えない。インターネット時代でも、見ると聞くとは大違い、ということもよくある。そのあたりの隔たりに、都市伝説の温床があるような気がしてならない。

【イチゴ畑のヘビ】アメリカ

こんな話を聞いたことはありませんか？

生まれたばかりの赤ちゃんを持つ若い女性が、ある日イチゴ狩りに行くことにした。春のうららかな日だったので、子どもをカゴに入れて散歩がてらパイの材料を採りに行こうと思ったのだ。

一面イチゴで真っ赤になった畑の脇にカゴを置き、しばらくイチゴを摘んでいたが、やがてミルクをあげる時間になった。カゴを置いた場所まで歩いていった彼女は、中を覗き込んだ瞬間に愕然とした。

見たこともないような大きな黒いヘビが赤ちゃんの首をぐるぐる巻きにして、頭を口の中に突っ込んでいたのだ。ミルクの匂いに誘われたヘビが、赤ちゃんの口から頭を突っ込み、胃の中のミルクを飲んでいたらしい。ヘビは冬眠から目覚めたばかりで、腹をすかせていたのだ。

蛇蝎《だかつ》のごとく嫌われる、という表現がある。確かに、ヘビもサソリも嫌われる生物の代表格であることはまちがいない。そのヘビをモチーフにしたこの話は、生理的嫌悪感を起こさせるきわめてビジュアルな内容で、インパクトも強い。そしてインパクトが強い都市伝説は、それだけ流布の速度も上がる。

この話は、1980年代終わりにアメリカ中で噂されていたものだ。ユタ大学で教鞭を執る現代アメリカ最高のフォークロリスト、ジャン・ハロルド・ブルンヴァンの著書『Too Good To Be True』には、バージニア州リッチモンドの地元新聞『リッチモンド・ニュースリーダー』にまったく同じ話が掲載されていたという事実が記されている。しかし、こういう事件が起きたという事実の報道ではない。コラムの中で紹介されたアイルランドの伝説である。

ところが、〝新聞に載った話〟として伝えられた結果、いつの間にかリッチモンドで起きた実際の事件ということになり、インパクトの強さもあって全米規模で広がってしまった。

さらには、地元FMラジオ局のDJがよほど気に入ったのか、何回かにわたってこの話を放送の中で紹介したため、加速度的に広がった。

1990年代に入り、冷静な態度で都市伝説を見詰める〝ディバンカー〟(噂の内容を否定し、それが嘘であることを証明する人)が、それぞれ詳しい分析を行い、同様の事件は起きていないことが証明された。

リッチモンドの地元紙とFMラジオ局をあたればそれで済みそうなものだが、ディバンカーたちは徹底的な調査を敢行した。興味深いのは、ヘビの生態面からの考察だ。ヘビは肉食だが、ミルクの匂いに誘われることはない。冬眠から目覚めたばかりで腹を空かせていることはあり得る。しかし、たとえカゴの中の赤ちゃんを獲物として認識したとしても、丸ごと呑みこもうとするはずだ。わざわざ胃の中のミルクを狙って襲うようなことはしない。

ところが、似たような事件がロシアで起きたという記事が1987年8月20日付の『プラウダ』に掲載された。

アゼルバイジャン共和国のサビラバード村にあるトマト畑で遊んでいた11歳の少女が、昼寝から目覚めたとき苦しそうに喉をかきむしったので、驚いた両親が病院に連れて行くと、喉の奥に長さ60センチのヘビが詰まっているのが見つかった。どうやら女の子は口を開けて寝ていたようで、胃の内容物の匂いを嗅ぎ取ったヘビが口から入ったらしい。

この話は雑誌『オムニ』の1990年5月号でも、「プラウダが報じた最近起きた事件」

として紹介された。奇妙だったのは、「病院に連れて行かれた女の子が1・75リットルの食塩水を飲まされたところ、長さ64センチのコーカサスアオダイショウが出てきた」という、オリジナルの記事になかったディテールが加えられていたことだ。

噂は尾ひれがついて独り歩きを始めるものだが、この話は噂の性質を端的に物語る好例と言うことができるのではないだろうか。1987年といえば、現在ほどコンピューターが普及していない時代だ。アメリカで生まれた噂がどのようにしてアゼルバイジャン共和国まで渡ったのかを検証する具体的な方法はないが、奇妙な噂が海を越えるのは確かなようだ。

同じジャンルの話として、次のようなバリエーションもある。

友だちの友だちが、去年のサマーキャンプで聞いた話。3年くらい前のキャンプで本当にあったらしい。自由時間にバンガローの近くにある小川で遊んでた男の子が、喉が渇いて川の水を飲んだ。バンガローに帰れば飲み水があったけど、遊びに夢中で時間がもったいないと思ったらしい。水を飲むときには、手ですくうんじゃなく、腹ばいになって口を直接水につけて飲んだ。飲み込んだとき、口の中で何か動くものを感じたんだけど、特に気にしなかった。

　そしてサマーキャンプが終わり、家に帰ってしばらくしたらお腹がものすごく痛くなった。最初は我慢していたが、じきに痛みで起き上がれなくなった。驚いた父親が病院に連れて行くと、レントゲン写真を見たお医者さんが、すぐに胃洗浄だって言ったらしい。胃の中のものを全部吐き出させたら、長さが40センチくらいあるヘビが生きたまま出てきた。まだ小さいうちに飲み込まれて、そのまま胃の中で生きてたらしい。


　たとえヘビを生きたまま飲み込んでしまったとしても、いずれは消化されてしまうはずだ。しかし洋の東西を問わず、ヘビは生命力が強くしぶとい生き物だというイメージが刷り込まれているためか、なかなか死なない。

　話を「イチゴ畑のヘビ」に戻そう。リッチモンドの近郊にあるチェスターフィールド郡の保安官事務所には、いまだに問い合わせの電話やメールがある。いずれも、「イチゴ畑のヘビ」事件は本当に起きたのかを確認する内容だそうだ。さすがに最近ではごく少なくなったが、それでも月に2～3件はあるらしい。

　新聞記事の内容を紹介し、ヘビの生態を説明し、都市伝説にすぎないことをていねいに説明するのは、その年に入った新入生保安官の仕事だという。今後も、さまざまな派生バージョンが生まれるたび、元ネタに関連してチェスターフィールド郡の名前が出されることは容易に想像できる。新入生保安官は、まだまだ噂の問い合わせから解放されそうにない。

【タコを産んだ少女】アメリカ

こんな話を聞いたことはありませんか？

ロサンゼルス市内に住む女子高生が、夏休みの間、毎日のようにサンタモニカの海岸に通っていた。やがて彼女は、同じ年頃のサーファーと知り合いになった。ふたりは付き合いはじめ、多くの時間をいっしょに過ごすようになった。

9月になって新学期が始まると、女子高生は急に体調を崩した。朝は起き上がるのがやっとという状態で、食べたものもすぐにもどしてしまう。夏休みの間、出かけることが多かったのを知っていた母親が妊娠を心配してあれこれ訊ねたが、女子高生は「親に言えないようなことは絶対にしていない」と言い張る。しばらくそのままの状態が続いたが、クリスマスを迎える頃になると、彼女の体はどう見ても妊婦だった。

両親は、嫌がる娘を無理やり産婦人科に連れて行き、診察してもらった。しかし、医師も首をひねるばかりだった。お腹はぱんぱんに膨れ上がっているのに、それ以外は妊娠の兆候がまったく見られない。

レントゲンを撮ってみると、子宮内に大きな腫瘍のようなものが見つかった。悪性だったら大変だ。まだ若いので進行が速いことが考えられる。すぐに緊急手術が行われたが、子宮の中を目の当たりにした医師たちは言葉を失った。レントゲンで腫瘍に見えたのは、かなり大きなタコだったのだ。

海で泳いでいる間、水の中を浮遊していたタコの卵が子宮内に入り、そこでかえって成長していたのだ。取り出されたタコはホルマリン漬けにされ、今でも病院内に保管されているらしい。

人間の体内に思いもよらない生物が寄生し、成長していたというプロットは、日本の有名都市伝説「フジツボびっしり」とよく似ている。それと同時に、何らかの生物の卵が体内に入ってそのまま育ってしまうという話も数多くの派生バージョンがある。タコの卵で言えば、ここで紹介した話の他に、海で泳いでいて知らず知らずのうちにタコの卵を飲み込んでしまい、それが胃の中で孵化《ふか》して育ってしまったというパターンもある。

あるいは、川や海で泳いでいた男の子が魚の卵を飲み込んでしまい、それが胃の中で育つという話もある。前項目で紹介した「胃の中のヘビ」は、この種の派生バージョンの一例だ。

「タコを産んだ少女」の原話バージョンは比較的新しいのではないかと勝手に思い込んでいたが、それはまちがっていた。1948年に出版された『The Affairs of Dame Rumor』という本に、同じ話が1934年の大西洋岸各州で爆発的に流布していたという事実が記されている。その数年前、ボストンの『トラベラー』という新聞がよく似たプロットの話を記事で取り扱ったらしい。

『トラベラー』が取り扱った話というのが、1930年に出版された『Shattering Health Superstitions』という本に掲載された以下のような話だった。

ロンドンの工場で働く若い女性が、海で泳いでいるときに何かを飲み込んでしまった。それから何カ月かして腹部に激しい痛みを覚えた彼女は病院に行ったが、痛みの原因がまったくわからない。ところがレントゲン写真を撮ったら、腸の中に生きたタコがいることがわかった。彼女が泳いでいるときに飲み込んだのはタコの卵で、それが胃を通過して腸壁にはりつき、そこで孵化して育ったのだ。

言うまでもないだろうが、たとえタコの卵を飲み込んでしまったとしても胃で完全に消化されてしまう。だから、孵化可能な状態で腸までたどり着くことは考えられない。今から80年近く前の時代なら、これで十分流布に値する話だったかもしれない。

ところがこの数年後、話は自らより受け容れられやすいように変化を遂げた。口から体内に入るのではなく、泳いでいた女性の膣に卵が入り、それが子宮に落ち着いたという流れになれば、胃で消化されることはない。体の中でタコが育つという部分はそのまま活かされ、そうなるためには細部をどうしたらいいかということから、より完成度が高くインパクトも強い派生バージョンが生まれたと考えられる。さて、この話によく似た別の都市伝説がある。

とある女の子が、高校に入った年のクリスマスに妊娠していることが明らかになった。両親は慌て、娘を問い詰めて相手が誰なのかをつきとめようとしたが、娘はボーイフレンドはいないと言って譲らない。産婦人科に行って調べてもらったところ、確かに性交した痕跡はないという。

その年の夏あたりからの娘の行動を調べると、驚くべき事実が明らかになった。胎児の成育具合から計算すると、娘がとある大学のプールに通っていた時期が最も怪しいということになった。

医師は、こう結論した。彼女が通っていたプールは一般開放されていて、多くの人が集まる。おそらく、そのプールの中で射精した男性がいて、彼女はタイミング悪くその直後にその男性の脇を泳いでしまった。その際、水の中を漂っていた精子が膣から入ってしまい、天文学的な確率ではあるが、妊娠に結びついてしまったのだ。

派生バージョンとしては、スポーツジムのプールを舞台とした話もある。また、女子大のプールを舞台とした話では、飛び込み選手が立て続けに妊娠し、事態を重く見た大学側が調査を行うと、毎夜のようにプールに忍び込み、そこで射精していた変態男が捕まった、というさらにひねった展開となっている。

この話は、「タコを産んだ少女」の派生バージョンに違いないと思い込んでいたが、これも当てが外れた。1646年に刊行された『バルガー・エラーズ』という本に、次のような酷似したプロットの話が掲載されている。

とある貴族の令嬢が、男性経験もないまま妊娠してしまった。不審に思った両親が徹底的に調べると、客人として迎えていた若い男性が、娘が使う前に、同じバスタブに入っていた事実が明らかになった。この男性が射精し、それが原因で妊娠してしまったのだ。

ここで紹介した話は、すべて嘘だ。ただし、実際に起きたとしても不思議には思わない。都市伝説は、完全に虚実だ。しかし、事実と認識できる部分、あるいは事実と認識できるかもしれない部分が少しでもあれば、ありえる話として多くの人々に語られることになる。

【犬に顔を食われる人々】

日本　アメリカ

こんな話を聞いたことはありませんか?

友だちがよく遊びに行くクラブで聞いた話。近くにいた男の子たちが声をかけてきて、すごい話をしてくれたんだって。この男の子たちは、仮にA君とB君っていうことにしておくね。ふたりにはたまり場にしているマンションがあるんだけど、そこにはC子ってい う女の子が住んでたの。C子は、本当はいけないんだけど、チワワを飼ってるの。

ある夜クラブで友だちになったD君もいっしょにC子のマンションに行こうってことになったんだけど、D君はクスリでメロメロの状態だったんだって。D君は、ありとあらゆるドラッグにはまってたらしいの。タクシーの中でも妙なことばかり口走って、もう大変だったんだって。C子のマンションに着いた後も支離滅裂で、C子も迷惑そうにしてたんだって。だから、A君とB君はしばらくD君を一人で放っておいて、C子といっしょに近くのファミレスに行くことにしたんだって。

2時間くらい後に部屋に戻ってみたら、D君が大笑いしてる声が廊下にも響いてきたらしいの。どうしたんだろうと思って部屋に入ったら、D君がナイフで自分のほっぺとか耳たぶの肉を削ぎ落として、C子のチワワに食べさせてたんだってさ……。

２００２年の夏に渋谷、新宿、池袋などの繁華街で街頭アンケート調査を行ったことがある。そのときに渋谷のコーヒーショップにいた若い女の子がしてくれた話だ。当時は合法ドラッグあるいは脱法ドラッグといった言葉が世間をにぎわせている時期だった。ピアスなどのアクセサリーや小物を売っている店の一角に、マジックマッシュルーム（幻覚作用があるキノコ）を乾燥させたものが並べられていることもあった。

この話を聞いたとき、少し前に見た『ハンニバル』という映画の一場面を思い出した。この映画には、メイソンという大富豪が出てくる。若い頃麻薬中毒で、ハンニバル・レクター博士の治療を受けた過去があるという設定だ。その治療の過程で、レクター博士にそそのかされたメイソンが、自分の顔の肉を割れたガラスで切り取って飼い犬に食べさせるというエピソードがあった。

さらには、こんな事実もある。１９８９年に『Morphine, Ice Cream, Tears』という本が出版された。とある医師が麻薬中毒について書いた専門書なのだが、この本にエンジェルダスト（PCP＝フェンシクリジン）という強力なドラッグを服用した男性が、耳や鼻を刃物で次々に削ぎ落とし、飼い犬に与えたというエピソードが掲載されているのだ。

しかし、著者ジョセフ・サッコ医師が直接この患者を担当したわけではない。サッコ医師が執筆当時勤務していたニューヨーク市内の病院の同僚から聞いた話だという。ひょっとしたら、『ハンニバル』の原作者であるトマス・ハリスも資料として『Morphine, Ice Cream, Tears』を読み、ストーリーの背景に組み込んだのかもしれない。

さて、冒頭の話を知ってから7年後の2009年。5月の頭くらいから、日本でチェーンメール関連の資料を送ってきてくれる複数の協力者から、同じ内容のメールを何通か受け取った。彼らが知らせてくれたのは、こんな話だ。

とある街に、愛犬家の中年女性が住んでいた。この人はかなり多くの犬を飼っていて、毎日を餌やりと散歩で忙しく過ごしていた。彼女が飼っていたのは、今はやりの小型犬ではなく、レトリーバーとかシェパードとかの大型犬。昔はブリーダーをやっていたらしく、多くの犬に囲まれて暮らすのが何よりの楽しみだったらしい。

5LDKくらいの家に住んでいたが、人間の占有スペースはリビングと小さな寝室だけ。環境も犬が主役で、生活も犬中心で回っていた。

そんなある日。フランスに観光旅行に行った友だちから香水をもらった。自分で好きな素材を調合して、自分だけの香りを作れる店で買ってきたという。ビンを開けてみると、とてもいい香りが広がった。気に入ったので、さっそくつけることにした。

その夜。犬たちに晩ごはんをあげるために犬の部屋に入っていくと、いつもはおとなしい犬たちが吠えはじめ、しまいにはうなり声を上げながら後ずさりしはじめた。

「どうしたの？　ママよ」といいながら手を差し伸べると、中の一頭に激しくかみつかれてしまった。

それを合図に、部屋の中にいた犬たちがいっせいに彼女に襲いかかり、ものすごい勢いであちこちにかみつきはじめた。大型犬数匹に一気に襲いかかられてはかなわない。彼女はものすごい悲鳴を上げながら、部屋の中をのたうちまわるしかなかった。

ちょうどそのとき彼女の夫が会社から帰ってきて悲鳴を聞き、急いで犬部屋に行くと、瀕死の状態になった妻が助けを求めている。犬を追い払って部屋から引きずり出すと、肩といわず脚といわず、ものすごい傷がついている。

でも、一番ひどいのは顔だった。真ん中がえぐれた状態になっていて、ほほも鼻もなくなっている。夫はあわてて救急車を呼び、妻を近くの病院に連れて行った。

彼女の傷は想像以上にひどく、相当大がかりな手術が必要らしい。彼女は今も顔中に包帯をまいたまま、入院生活を送っている。ちなみに病室に鏡はない。自分で包帯を外して鏡を見てしまったら、自殺してしまうかもしれないからだ。顔が元通りになる可能性は限りなくゼロに近い。


筆者が注目したいのは、フランス帰りの友だちが持ってきたという自分だけの香りの香水をもらうくだりだ。この部分は、悲惨な事故が起きた必然性を説明し、聞き手に無理なく受け容れられる話となる素地を作る役割を果たしている。最近はオリジナルの香水を売りにしている店も珍しくない。こうした今日的な事情が盛り込まれることによって話に信憑性が生まれ、聞き手と話の距離がぐっと縮まる。

最新情報と言えば、「元ブリーダーのおばさんバージョン」が流布する直前、驚くべきニュースが報じられた。オハイオ州クリーブランドの整形外科病院で、夫にショットガンで顔を撃たれた女性の復顔手術が行われ、見事に成功したという話だ。

この手の手術の成功例は、史上2例目だ。1例目の患者も女性で、イザベル・ディノワというフランス人だった。しかもこの女性、飼い犬に襲われ、鼻と上下の唇、そして顎を失ってしまった。当時38歳だったディノワさんに対する手術のためアメリカ人、イギリス人、そしてフランス人医師の混合特別チームが編成され、脳死状態になった女性から各部位が提供されて手術が行われることになった。こうした事実が、都市伝説として流布する話の〝偽りの信憑性〟を高めることになる。

ドラッグの若者バージョンと、元ブリーダーのおばさんバージョンはまったく違う話だろうか。それとも、原話バージョンと派生バージョンの関係にあるのだろうか。現状を見る限りでは、派生バージョンの可能性がある話が生まれたのは日本だけと考えられる。この話、今後も新しいキーワードを盛り込んだ新バージョンが生まれ続けていくのだろうか？

第6章　食べ物に関する都市伝説

【あのおしゃれなミネラルウォーターの秘密】アメリカ

こんな話を聞いたことはありませんか？

誰でも知っている、フランスのある有名なブランドのミネラルウォーターには秘密がある。瓶詰め作業の一工程で、牛の血を使って濾過《ろか》が行われているらしい。ワインの色をきれいにするために牛の血が混ぜられることがあるが、この技術を転用したもので、牛の血を使って濾過すると、硬水特有のきつさが消えて味がまろやかになるらしい。

フランスのあのミネラルウォーターに異物が混入しているという話は、アメリカでもさかんに噂されている。ちなみに、イタリア産の有名なミネラルウォーターをモチーフにした派生バージョンもある。原話バージョンは１９８０年代初頭に源を発する。モチーフとなっているミネラルウォーターのアメリカでの発売が１９７８年だったので、ブランド名の浸透とほぼ同じ速度で噂が広がっていった様子がうかがえる。

この噂の背景には、外国ブランドに対する排他的なニュアンスと、どんなに高い品物でも、製造過程では何をしているかわかったものではないという疑念が存在する。実際、食品に関する不祥事や消費者に対する〝不正直さ〟の例は後を絶たない。

日本国内では、ここ2〜3年で食に関する安全神話が完全に崩壊した。2007年6月、某食肉加工企業が出荷した牛ミンチから豚肉が検出されるという事件が世間を騒がせたことは記憶に新しい。第一報の直後から、この企業の悪行が一気に噴出した。「色の悪い肉に血を混ぜて色を変える」、「腐りかけて悪臭を放っている肉を少量ずつ混入する」、「鳥インフルエンザの流行で価格が暴落した輸入鴨肉を大量に買い付けて混入する」……。

この企業は、商道徳に反する行為をごく当たり前に行っていた。さらには、インタビューに答えた社長がごく当たり前といった口調で「半額セールで（冷凍食品を）喜んで買う消費者にも問題がある」というコメントを残し、事態をさらに悪化させた。

食に関する企業に対する不信感は、食肉偽装にとどまらない。毒ギョーザから始まり、産地／原材料の偽装や、日本人の主食である米までがメタミドホスや毒カビで汚染され、それが食用として販売された事態は忘れられない。一部業者の利益追求により、何も知らない多くの人々が汚染米を口にすることになったのだ。

こうした信じられない企業が増加する現状では、ひと昔前まで「事実と虚実の境界線」

を行き来する話として広がった噂も、信憑性を伴って広がるようになる。

さて、何も知らないまま多くの人々が汚染物質を体内に入れてしまうという状況は、日本に限ったことではない。２００７年の3月、ＡＰ（アソシエイテッド・プレス）社がアメリカ大都市圏の水質について調査を行い、驚くべき事実を公表した。東はペンシルバニア州から西はカリフォルニア州まで、全米24の大都市圏に住む４０００万人以上が利用する水道水から、抗生物質や精神安定剤などの成分が検出されたのだ。

このレポートに対し、製薬業界の反応は早かった。第一報の翌日、業界団体が「検出された薬品成分はごく微量であり、健康への影響は皆無に近いレベルである」という公式コメントを出し、早くも事態の収拾に乗り出した。

問題視されたのは処方薬の成分だ。処方箋がなければ購入することができない処方薬は、市販薬に比べて効き目も強いということになる。

それでは、なぜ水道水から薬物が検出されたのか。処方薬を買った人々が医師の指示どおりに薬を服用するのは一定期間でしかない。そして、薬の成分が１００パーセント体内で吸収されることはない。吸収されなかった成分はそのままトイレから下水道に流れ出すので、薬品成分を含んだ大量の水が下水処理場に集まる。

下水処理の第一目的は滅菌なので、薬品成分の除去を目的とした処理は行われない。よって下水処理場から薬品成分を含んだままの水が再び河川に流れ出す。そして、それを浄水して飲料水として使うというサイクルが何回も繰り返されるうちに、薬品成分の濃度が高くなっていき、それが直接的な方法で体内に入る。

さらには、処方薬すべてが消費されるとは限らない。風邪薬でも痛み止めでも、あるいは向精神剤でも、いらなくなったり古くなったりしたものをシンクやトイレから直接流してしまう人もいる。この場合、人体というフィルターを通さないので、薬品成分がそのまま下水に混じることになる。

AP社による調査結果の発表を受け、5月あたりから次のような噂がチェーンメール化した。ネットロア（サイバースペースで語られる都市伝説）として出発したこの話は、すぐに多くの派生バージョンを生んだ。

シカゴ周辺の、とある市で、不妊症が激増した。開業医や一般病院から不妊症激増のデータが送られてくる中、市の保健局が調査に乗り出した。2カ月にわたる調査の結果、明らかになった事実は、驚くべきものだった。前の年、この市の郊外に大手製薬会社の工場ができ、地元の雇用が活気づいて住民は大喜びだったのだが、原因はこの工場にあった。この工場は市の水瓶となっている湖と大きな川に挟まれた中州のような場所に建っている。そしてこの工場が主として製造している薬は経口避妊薬だった。毎日出る不良品はそのまま湖や川に投棄され、その成分が水に溶け出した結果、その水を飲んでいた地域住民の間で不妊症の症状が蔓延してしまったのだ。

投棄された薬の絶対量など限られていることは誰でも推測できる。その成分が溶け出したとしても大した影響はないはずだ。しかし、噂が生まれたタイミングが良すぎた。製薬会社が必死になって疑惑を否定する姿が、かえって怪しく映ってしまったのだ。

事件が起きたとされる場所はアメリカ中に点在しているが、基本的なプロットは同じだ。製薬会社の工場がない都市では、原材料を積んだトラックが事故を起こして河川に落ちたり、湖に突っ込んだりといったくだりが盛り込まれ、話がうまく流れるようにする工夫がなされている。

その後も、さまざまな薬品の成分が混じった水道水を飲んでさまざまな症状が出たという噂が後を絶たない。カリフォルニア州内では、噂の流行とともに浄水器の売上が爆発的な伸びを示したという。こうした事実が噂の信憑性を裏付ける役割を果たし、起承転結が見事に流れる虚実も、やがては事実として認知されるようになる。
都市伝説は時代の写し絵なのだ。そして時間の経過とともに、さまざまな要素を取り入れながら自ら変容していく。

【人食いバナナ】　アメリカ

こんな話を聞いたことはありませんか？

コスタリカ産の輸入バナナは、できれば買わないほうがいい。筋肉組織を壊死《えし》させるバクテリアが皮に付着していることが多いからだ。この国では、最近になって野生のサルが激減した。バナナの皮に付着するバクテリアが蔓延した結果と思われる。農園に野生のサルが侵入することも多く、バクテリアに感染したサルが輸出用に栽培されているバナナに直接触れて、出荷分も汚染されてしまうのだ。

政府も懸命に対策を講じているが、菌の拡散のスピードが速く、対処しきれていない。しかもバナナはこの国の主要輸出品なので、対処法が確立されるまで輸出を止められないのが現状だ。すでにかなりの量が全世界に向けて輸出されてしまっている。汚染されたバナナは、食べるのはもちろん、皮に付着したバクテリアに触れただけでも、ごく小さな傷から体内に侵入してしまう。

こうなると、消費者は自ら身を守るしかない。方法はただひとつ。怪しいバナナには手を出さないこと。特売品が最も危ない。どうしても買いたいときには、原産国をしっかり確認すること。そうでないと、とんでもないことになる。

2000年代初頭のアメリカで最も流布したチェーンメールは何かと訊かれれば、筆者はまちがいなくこの話をナンバー1に挙げる。〝バナナ・リパブリック〟という言葉をご存知だろうか。日本にも上陸したアメリカンカジュアルの店ではない。果実の輸出や観光が主な収入源で、外資依存度の高い小国を意味する。中南米の国に対して使われることが多く、軽蔑の響きも込められている。

アメリカ生まれの「人食いバナナ」の噂は、まさにこの〝バナナ・リパブリック〟という言葉の語感そのもののイメージがモチーフとなっていると言えるだろう。アメリカでは2000年の時点ですでに大きな問題となったが、そのきっかけが1999年初頭から流されはじめたチェーンメールだった。

このメールはまたたく間に英語以外の言語に訳され、決して大げさではなく地球規模でやりとりされた。日本に入ってきたのが冒頭で紹介した文章だ。日本では、昭和40年頃に「不幸の手紙」というアナログな形のチェーンメールが蔓延したが、手口はまったく変わっていないものの、サイバースペースを舞台に繰り広げられる今日のチェーンメール伝播のスピードは何百万倍にもなっている。

それでは、バクテリアに汚染されたバナナを手にすると具体的にどうなるというのか。ここに紹介した文章はチェーンメール最初のバージョンなので詳しい情報が盛り込まれていないが、後に派生した第2バージョンでは「筋肉が急に腫れ、数時間から数日間ですべて壊死してしまう」という、よりビジュアルな情報が盛り込まれ、第3バージョンではその症状が「劇症型溶血性連鎖球菌感染症」という病気である事実が明かされた。

劇症型溶血性連鎖球菌感染症は実在する病気で、英米はもとより日本でも症例が報告されている。一時期〝キラー・バッグ〟あるいは〝人食いバクテリア〟という言葉がイギリスのタブロイド各紙の見出しを飾ったことがある。日本でも女性誌を中心に報じられたので、記憶に残っている人もいるだろう。筆者は、超有名写真週刊誌でリアルな写真付きの記事が掲載されたことを覚えている。

アメリカに限って言えば、「人食いバナナメール」は流布しながら加速度的にあとづけの情報がトッピングされていった。ドイツの医療機関が全世界へ向けて「パンデミック警告」を発したとか、CDC（疾病対策センター）が特別チームをコスタリカに派遣したとか、FDA（食品医薬品局）がコスタリカ産バナナを禁輸措置にしたとか、とにかくエスカレートする一方だった。

CDCにも問い合わせが殺到したようで、自らのウェブサイトでメールの内容が根も葉もない噂にすぎないことを明言し、それでも心配な場合は担当者と直接話ができるようホットラインまで開設する騒ぎになった。

ところが問題はアメリカ国内だけでは収まらない。前述したように、メールの内容が数カ国語に訳されて流布してしまったからだ。こうした状況に対処するため、IBA（国際バナナ協会）という団体も噂の否定に立ち上がり、副会長ティム・デバス氏が以下のような正式コメントを発表している。

「インターネットはユーザーに多くの恩恵をもたらすが、不正確な情報が急速に広まる温床ともなってしまうようだ。ＩＢＡは今日市場に流通しているすべてのバナナが安全であることをここに明言する。これからも、健康食としてのバナナを大いに楽しんでいただくことをお願いしたい」

ＣＤＣも「人食いバナナメール」がまったくの嘘であるというメッセージを繰り返し送り続けた。ただ嘘というだけでは信じない人もいると感じたのか、医学的情報をふんだんに盛り込んだ正式声明を定期的に更新し、ＦＤＡが事実を隠蔽するような組織ではないことも主張した。

誰が流しはじめたのか特定できず、不特定多数の人間が関与して増殖し、内容を変えながら流布したチェーンメールなので、コスタリカ政府も怒りの矛先をどこに向けたらいいのかわからなかったようだ。筆者が知る限りコスタリカ政府が正式な抗議めいた行動をしたということはない。しかし、風評被害としては甚大だったに違いない。なにせ世界規模で流れたチェーンメールで自国の最優先輸出品を非難されてしまったのだ。

そのあたりがどうしても気になったので、５年ほど前になるが、コスタリカ大使館に電話を入れたことがある。担当者によれば、風評被害は筆者が想像したよりもはるかに少なかったという。いや、事実上まったくなかったと言っていいレベルだった。

どうやら、やたら騒いでいたのはメールを実際に送った人間と、それを読んでいわれのない恐怖におののいていた人々だけだったらしい。

【レトルトカレーの中身】日本

こんな話を聞いたことはありませんか?

お母さんの友だちが旅行先の露天風呂で聞いた話。どこかの食品会社のパートさんらしいグループが、同じ職場の人が遭った事故の話をしてた。

おばさんたちの職場はレトルトカレー工場。横山さんていう人がいたんだけど、この人はとても背が低くて、150センチちょっと。工場ではものすごくデカい鍋でカレーを煮て、それをレトルト容器にパックする。横山さんは、ボートのオールみたいな長い棒で鍋の中のカレーが焦げ付かないようにする係だった。

ある日、シフトの変わり目に大鍋のところに行くと、横山さんがいない。おかしいな、と思って鍋の周りを調べてみると、横山って書いてある白い長靴が片方だけ落ちてた。鍋の縁には移動式階段みたいなのがあって、係の人はそれに立って作業するようになってたんだけど、横山さんはさらにパイプ椅子を置いて、その上に立って作業をしていたらしい。何かのかげんでバランスを崩し、鍋の中に落ちちゃったんだ……。鍋の中身を全部出したけど、残っていたのはもう片方の長靴と白衣と、そして帽子だけ。横山さんの〝本体〟は、完全に溶けちゃってた。カレーは廃棄処分にならないで、他の鍋のといっしょに出荷されたらしいよ。

筆者がこの話を初めて聞いたのは、2000年の春ごろだったろうか。前著『都市伝説の正体』で詳しく触れた「ビーフボウルの原料」に関する周辺情報を調べているときに出てきたものだ。〝横山さん〟がいなくなり、長靴だけが残されて、横山さん入りのカレーが出荷されてしまう。このプロットの流れ、どこかで聞いたことがある人も多いはずだ。これは、日本国内で流布した超有名なコークロア（コーラに関する都市伝説）のプロットをそのままレトルトカレー工場という別のモチーフに当てはめた話なのだ。蛇足かもしれないが、プロットを比較する意味でもコークロアバージョンを紹介しておく。

とある清涼飲料工場で起きた事故の話。この工場では、清涼飲料の原液を深さ6メートルほどの大きなタンクに入れて保管していた。この原液を少しずつ機械に流し込んで、そこで炭酸水と混ぜ合わせ、瓶詰めするという過程だ。

タンクの中の原液は、放っておくと原料が分離して沈殿してしまうので、一定の時間で中身をかき回さなくてはならない。この作業はコツがいるので、機械まかせにはできない。そこでこの工場では、タンクの中をかき回すため、専門の人を雇っていた。

ある日、この人がいつものように作業していたところ、足を滑らせてタンクの中に落ちてしまった。運悪く、周囲には誰もいない。係の人は溺れ、そのまま亡くなってしまった。

この清涼飲料の原液は、ものを溶かす性質がある。巷でも「飲みすぎると歯や骨が溶ける」と言われているくらいだ。誰にも気づかれないまま、係の人の体はゆっくり溶かされ、原液はそのまま機械に流れて炭酸水と混ぜられ、瓶詰めされて出荷されてしまったらしい。

係の人がいなくなっていることがわかったのは、次のシフトが始まる寸前だった。慌てて原液を抜くと、タンクの底で白い作業着と白い長靴が見つかった。

同じ話と言ってもいいほどよく似たプロットで進む、まさに派生バージョンという話だ。食に関する不気味さがモチーフとなった話は、「ミミズバーガー」や「ビーフボウルの原料」、そしてここでも紹介しているとおりかなり多い。このジャンルの噂を分類してみると、大きく分けてふたつのグループができる。ひとつは仰天素材系、そしてもうひとつは異物混入系だ。「ミミズバーガー」や「ビーフボウルの原料」は仰天素材系、そしてこの項目で紹介している話は異物混入系として分類することができるだろう。

ちなみに、アメリカで最も有名な仰天素材系の話は、その名も「〇〇タッキー・フライド・ラット」という。

とあるカップルがドライブスルーでフライドチキンを買い、お腹がものすごく空いていたので、そのまま車の中で食べた。そのうち、助手席に座っていた女性が何個目かのチキンの食感が微妙に違うことに気づいた。ルームランプをつけてよく見ると、それは明らかにネズミの形をしていた。

急いで店に戻り、実物を見せながら店長に文句を言うと、観念したのか、ただ謝るばかりだった。キッチンの衛生状態が悪く、たまたまフライヤーの近くにいたネズミが油の中に落ち、揚がってしまったらしい。カップルは店長の勧めで店の近くのモーテルに一晩泊まり、翌朝一番で病院に行って精密検査をしてもらったらしい。もちろん、宿泊費用も検査費用もフライドチキンの店が負担した。


いずれの話も、「そんな馬鹿な話があるわけない」というひと言で片付けられてしまうかもしれない。しかしこれだけ長い間さまざまな話が流布しているという事実の背景には、一抹の真実がある。そしてその一抹の真実とは、きちんとしたソースから発信された情報だ。ここで紹介したふたつの話を併せたような事件が、日本で実際に起きている。

２００７年３月13日、あるＪＲ駅構内で営業する立ち食いそば店で、ネズミが入った鍋で煮たカレールーを使ったそばやうどんなど18食が客に提供されるという事件が起きた。幸いにも体調不良を訴える客はいなかった。問題のカレールーが使われていたのは、13日午前６時15分から同８時半までに販売されたカレーそば・うどん、カレーライス、カレーセットなどだ。

同8時半ごろ店長が鍋にルーを足してかき混ぜる際、お玉に約8センチのネズミの死骸が引っかかり、ネズミの混入が発覚した。

この店の厨房はそれほど清潔ではなかったのかもしれない。そうでなければ、走るネズミがカレー鍋の中に落ちることもなかっただろう。言うまでもないだろうが、時系列は、「レトルトカレーの中身」の噂の流布が先で、実際の事件のほうが後だ。しかしインパクトがあまりにも強かったため、時間の経過とともに噂が事実ということになる。そしていずれは事実であるネズミカレー事件は忘れ去られ、都市伝説に過ぎない「レトルトカレーの中身」のほうが事実として語られていくだろう。都市伝説は、そうやって独り歩きを始め、長い間生き続けるのだ。

【貯水槽の死体】日本

こんな話を聞いたことはありませんか？

東京都内に建つ某マンションで起きた実際の話。ある夏、このマンションに住む人々から苦情が相次いで寄せられた。風呂場や洗面所で使う水から異臭がするという。このマンションでは、屋上にある貯水タンクの水を濾過して生活用水にしていた。管理会社から来た人が屋上のタンクのふたを開けてみると、中に作業服を着た男性の死体が浮かんでいた。名札に書かれていた名前から、春先から行方不明になっており、家族から捜索願が出ていた社員であることがわかった。

前に紹介している、水に関する疑念をモチーフにした話も、日本で流布している噂の中身はアメリカよりも文字どおり生臭い内容となる。ネットで検索をかければわかることだが、マンションの屋上にある貯水槽というのは、かなり不潔らしい。タンクにネズミや、場合によっては鳩が落ち、溺れ死んでそのまま腐ってしまうこともある。また、生き物が水に落ちることはなくても、梅雨などの雨が多い時期には細菌やカビが繁殖しやすい環境が整う。飲んだからといってすぐに健康被害が出るわけではないが、気味が悪いことに変わりはない。

2002年に公開されたホラー映画『仄暗い水の底から』のプロットが、日頃から脳裏の片隅にある漠然とした恐ろしさ、そして貯水槽にネズミが落ちて死ぬこともあるという事実に対する記憶と結びつき、都市伝説として流布したと考えられる。

アメリカの水道水の噂における虚実と事実の結びつき方と、「貯水槽の死体」におけるそれは酷似しているともいえるだろう。映画が噂の起爆剤になりえることも容易に想像がつく。アメリカの水道水の話に関して言えば、起爆剤はジュリア・ロバーツ主演の『エリン・ブロコビッチ』と考えてまちがいないだろう。水道水の汚染を伝えるイメージ画像として、ニュースで『エリン・ブロコビッチ』のシーンが使われることもあったほどだ。

さて、「貯水槽の死体」には次のような内容の派生バージョンもある。

とあるマンションに住む、小学校2年生の女の子が行方不明になった。それから3カ月後。多くの住民から、水から悪臭がするという苦情が相次いだ。ビル内の配水管を掃除しても悪臭はなくならない。そこで、屋上の貯水槽を調べてみると、中に行方不明になっていた少女の死体が浮かんでいた。屋上で遊んでいるうちに足を滑らせて貯水槽に落ち、溺死してしまったらしい。

このバージョンでは、集合住宅でありがちなモチーフが盛り込まれた結果、より聞き手が受け容れやすい話となっている。そして、内容はさらに変化する。少女バージョンが生まれてしばらくしてから、次のような派生バージョンが噂されるようになった。

新宿の歌舞伎町に、古いラブホテルがあった。建物の老朽化がかなり激しかったので取り壊しが決まり、工事が始まった。まず屋上にあった貯水タンクが取り外されたが、中から白骨死体が出てきた。水の中に男物の洋服の残骸が出てきたので、どうやら死体は男性らしかった。身元はわからなかった。屋上に上って、たまたまタンクに落ちたのか。それとも自殺だろうか? いずれにせよ、このホテルを利用したカップルは、そうとは知らずに、少しずつ水に溶けた男性のエキスをシャワーで浴びていたことになる。ちなみにこのホテルは建物も名前も変わったが、今も同じ場所で営業を続けている。

一連のバリエーションは、別項目で紹介している「レトルトカレーの中身」や一部の「コークロア」のモチーフとも似ている。詳しく言えば、従業員がなんらかの原因で巨大なタンクの中に落ちてしまうというくだりだ。貯水槽の中で人間の死体が発見されるという事件は、都市伝説の中だけの出来事だと思っていた。しかし2008年11月27日、まさに都市伝説の内容をそのまま後追いするような事件が起きた。

三重県M市にあるショッピングセンターの屋上にある受水槽から、男性の遺体が発見された。遺体になって見つかった男性は11月1日から行方不明になっており、最大で27日間水の中に漬かっていた可能性も否めない。死因は自殺ということになった。遺体の男性は建物の屋上から飛び降り、受水槽のカバーを突き破って水の中に落ち、絶命したと考えられる。

このショッピングセンターでは、受水槽に貯まった水を水道水として館内全体で使用していた。施設は遺体発見後に水道水の使用を停止し、タンク内の徹底的な洗浄と、消毒を行った。その後行われたM市保健所の検査によれば、水質はまったく問題なかったという。ただし、利用客がこの程度の説明で納得するわけがない。地元紙が事件の第一報を掲載した翌日から、施設や保健所に対する問い合わせの電話が鳴り続いた。

この事件は当然のことながらマスコミでも大きく取り扱われた。とある局のニュース番組で流されたVTRに事故現場の受水槽が映っていたが、そこに男の顔のようなものが見えるという二次的な噂も生まれた。

M市での事件以来、「貯水槽の死体」は都市伝説ではなく本当の話だったと考える人が激増しているようだ。確かに、殺人事件や事故によって井戸から死体が発見されたこともあるだろう。ただし、都市伝説として語られているままの状況で起きた事件はない。それぞれの要素をバラバラにすれば、ひとつひとつが真実である可能性は高い。ただし、そのひとつひとつの真実がまとめられた話がそのまま事実かといえば、決してそうではない。

かなり長い間流布してきた「貯水槽の死体」は、M市の事件によって事実化された。いや、事実と信じ込む人が激増したと言ったほうがいいだろうか。時系列を無視して、虚実が事実になったわけだ。

そしてその虚実が、これから先も新たな虚実を生みながら増殖していくにちがいない。やがては、あとづけの形で起きた事実であるM市の事件が、これから生まれるすべての派生バージョンの原話として認識されるようになるだろう。

第7章　事件・事故の都市伝説

【死に神に魅入られた病室】

日本　アフリカ　アメリカ　ヨーロッパ

こんな話を聞いたことはありませんか？

関東某県にある、とある病院。この病院のある病室に入院していた患者が何人も続けて亡くなるという事件が起きた。前の日は容態も安定していて何の心配もない状態だったのに、金曜日になると必ず亡くなってしまう。事態を重く見た病院側は、さっそく調査を開始した。

その結果、毎週金曜日に床を磨きに来る業者が、病室内にある生命維持装置のコンセントを抜き、床磨きの機械の電源を取っていたことが判明した。機械音がうるさいので、業者は患者のうめき声にはまったく気づかなかったらしい。業者は、仕事を終えるとコンセントを元通りにしておいたので、原因の究明が遅れた。

奇妙な噂が流布する背景には、聞き手の共感が存在する。この話に関して言えば、最近激増している信じられないような内容の医療ミスや、東京都内に限って言えば、せっかく救急車に乗っておきながらあちこちの病院をたらいまわしにされる妊婦の話などが挙げられるだろう。

日本と比べると、欧米諸国をはじめとする外国は患者の扱いがさらにぞんざいだ。アメリカの大都市では、医療保険への加入が確認されるまでは出血しているのに待合室で放っておかれるのもざらだ。だからこそ聞き手の共感も生まれやすく、病院がらみの話も生まれやすいのだろう。

さて、日本で流布している話の原話バージョンをたどるため、ロサンゼルス在住の都市伝説研究家ジェフ・バルサムの力を借りることにした。当然のことながら彼もこの話を知っていて、いろいろな資料を提供してくれた。中でも一番興味深いのは、彼が２００３年に入手したという次のような内容のチェーンメールだ。そもそもヨーロッパで流布していたものだが、アメリカでも話題になっているということだった。

南アフリカにあるペロノミ病院で起きた実際の話です。集中治療室の中央にあるベッドで寝ている患者だけが続けて亡くなるということが相次ぎました。しかも、日曜日の午前11時前後と曜日も時間も決まっています。容態が重い人も、快方に向かっている人も関係

ありません。やがて病院関係者の間では、何かの呪いではないかという話も出始めました。

そこで病院は、医療器械の専門家だけではなく、アメリカ国内では有名な霊能者も含んだタスクチームを作り、原因解明に当たることにしました。そして、ある日曜日。職員全員が問題の病室の前に集まり、固唾を呑んで調査を見守りました。

時計の針が午前11時を指す頃、廊下の向こうからプーキー・ジョンソンという男性が姿を現しました。病院で働く、バイトの清掃員です。プーキーはいつもより人が多いのに驚きながらも、いつものように淡々と作業をこなしました。病室に入り、生命維持装置のコンセントを抜いて、掃除機のプラグを差し込み、〝いつものように〟床掃除を始めたのです。

メールを入手した直後から、ジェフはこの話に関して深く掘り下げた調査を行った。その結果、よく似たプロットの複数の話が流布しはじめたのが1996年ごろだったという事実をつかんだ。話の起爆剤となったのは、インターネット上で話題になった、とある新聞記事だ。

その記事は、南アフリカ共和国ケープタウンの地元紙『ケープ・タイムズ』に1996年6月13日付で掲載された“Cleaner Polishes Off Patients”（＝「清掃夫、入院患者も磨き落とす」）という記事で、内容は噂で伝えられているとおりだ。記事が本当ならば、同じプロットを共有するいくつもの都市伝説は事実ということになる。

このメールにはペロノミ病院という固有名詞があるが、この病院は南アフリカ共和国中央部にある自由国州の州都ブルームフォンテーンに実在する。文字どおり世界の五大陸にわたって広まっている話に関する事実がここまでわかっているのなら、確認しない手はない。筆者は電話番号を調べ、病院から直接話を聞くことにした。

電話に出た広報担当女性の応対は、決して感じがいいとは言えなかった。「それは噂でしかありません」と言ったきり、その後は筆者の質問に「イエス」、「ノー」しか返さず、まったく会話が弾まなかった。『ケープ・タイムズ』の記事掲載からかなり経っているのに、世界中から問い合わせが寄せられるらしい。

ペロノミ病院がありがたくない噂の舞台として名指しされてしまったことの背景には、別の要素がある。ジェフによれば、もうひとつの南アフリカの地方紙『Die Volksblad』にあるらしい。この新聞が奇妙な噂を追うという企画を連載していて、何回目かにペロノミ病院の名前を盛り込む形の記事を掲載した。担当記者が話を都市伝説と思っていたか、あるいは事実と思っていたかを知る由はない。ただ、その回は「同じような事故で亡くなった患者さんをご存知の方は当紙編集部までご連絡ください」という一文でしめくくられていたらしい。

さらには、ケープタウンの地元紙『Die Burger』、および『ケープ・タイムズ』が二次使用的に『Die Volksblad』紙の記事を取り上げ、話が事実と虚実の間で膨張していった。こうした過程で、伝えられている話はペロノミ病院で起きた実際の事件ということになってしまったのだ。

南アフリカで生まれ、広く知られることになった話がアメリカやヨーロッパまで広がり、それがさらに海を越えて日本に入ってきて派生バージョンが生まれた。冒頭でも触れたが、最近は医療ミスや重症患者への誤った対応に関するニュースが後を絶たない。かつての日本では信じられなかった状況の中で、とても信じられなかったような内容の話が生き残り、語り継がれていく可能性も高くなる。日本バージョンは、爆発的な流布を前に〝嵐の前の静けさ〟のような状態にあるのではないだろうか。

【人間シチュー】 日本　アメリカ

こんな話を聞いたことはありませんか？

都内のとある木造アパートで起きた本当の話。このアパートの一室には、単身赴任の男性が暮らしていた。かなり古いアパートだったので、風呂は浴室内にガス釜が設置されている造りだった。種火が点いた状態にしておかないと追い炊きができず、温度調節機能は付いていない。お湯を熱くしたいときには追い炊きをして、適温になったところで火を消す。

ある日この男性が、入浴中に心臓発作を起こして亡くなり、しばらく経ってから発見された。家族がやってきて遺体の確認をしたいと申し出たが、警察側はこれをやんわり拒否した。亡くなった男性は熱湯の中で、湯船全体が内臓や骨片でどろどろの状態になるまで煮込まれていたのだ。

入浴中の死亡事故というのは、想像以上に多いらしい。確かに、湯船に浸かっているときに心臓発作に襲われたらひとたまりもない。過去の新聞記事を丹念に調べてみると、〝そのまま〟の流れではないものの、よく似た状況の事故が起きていることがわかる。

たとえば、1990年1月27日に東京都三鷹市在住の36歳の男性が、浴槽に頭まで浸かった状態で亡くなっているのが見つかった。発見者はこの男性の妻だった。男性は精神安定剤を服用した後入浴し、湯船に浸かったまま寝入ってしまったらしい。

この種の事件は、誰にとっても〝どこかで聞いた話〟として記憶に残る。だからこそ、細部をほんの少しだけ—その〝ほんの少し〟が事実と虚実を分ける決定的な要素となるのだが—変えて伝えられても、かなり事実に近いという感覚で受け容れてしまうようだ。バリエーションとしては、こんな話もある。


ひとり暮らしのOLがお風呂に入ろうとしたとき、貧血で倒れてしまった。体が床全体に倒れればまだよかったのだが、彼女の場合は膝を折る形で、正座するような体勢で崩れ落ちたため、蓋を開けてあった浴槽の中に顔だけ突っ込んだまま気絶した。最も不幸だったのは、浴槽のお湯がどんどん熱くなっていってしまったことだ。彼女は顔だけ煮込まれて絶命した。

また、昭和40年代半ばに実際に起きた事故として、次のような話がある。

大型犬種のブリーダーをしている女性がいた。彼女はいつも風呂場の浴槽を鍋代わりにして犬の餌を作っていた。ある日いつものように餌を作っていると、風呂釜の不完全燃焼から一酸化炭素中毒になり、頭を浴槽に突っ込む形で倒れ込んでしまった。数日後に友人がこの家を訪れ、変わり果てた姿となった女性を発見した。

日本国内で流布している各バージョンを見る限り、時系列から考えれば、ブリーダーバージョンが一番古い噂と言えそうだ。実は筆者も、小学生の頃からこの話を知っていた。ある出版社から出ていた子ども向けの本で、「怪奇○○」みたいなタイトルだったと思う。友だちと回し読みしたこの本に、ブリーダーバージョンが実話として掲載されていた記憶がある。

さて、「人間シチュー」は日本独自の都市伝説ではない。アメリカでも、内容が酷似した噂がかなり昔から流布している。

ニューヨーク（アメリカ国内の他の大都市が入ることもある）のとある高級マンションで実際に起きた話。このマンションのインドアプールのプールサイドにあった最新式のジャクジーで、恐ろしい事故が起きた。ある年のクリスマスイブに、住人の男性が高級葉巻と極上のシャンパンを持ってプールに向かった。ジャクジーに浸かりながら、ひとりだけでぜいたくな時間を過ごそうと思ったのだ。クリスマスイブだったので、従業員は誰も出勤していない。マンションの住人たちも、帰省したりバカンスに出ていたりして、建物の中にいるのは彼一人だった。

悲劇が起きたのは、1時間ほど経った頃だった。太りすぎの上にシャンパンを飲み、ジャクジーで体を温めたのがいけなかった。彼は心臓発作に襲われてあっけなく息を引き取ってしまったのだ。本当の意味で運が悪かったのは、ジャクジーのサーモスタットが故障していたことだった。お湯の温度はどんどん上がってしまった。

人間だったとはとても思えないほどドロドロの状態になった死体が見つかったのは、男性が亡くなってから78時間後だったという。

このバージョンが流布したのは、1980年代半ばだった。アメリカでの各バージョンは、主人公が太りすぎの老人や心臓病を抱えた女性であることを除けば、それほどバリエーションはない。やはり、湯船に浸かるというお風呂文化がなく、日本と比べてバスルームの構造そのものに大きな違いがあることが第一の原因と考えられる。

アメリカのお風呂にも、もちろんバスタブはある。しかし蛇口から出てくるお湯を直接溜めるだけの構造で、バスタブに溜めたお湯を追い炊きするというメカニズムはない。いきおい、日本のお風呂に似た機能をもったジャクジーがモチーフとなったのだろう。日本での各バージョンの浴槽も、アメリカでのジャクジーも、抵抗なく受け容れられる話となるために必要なモチーフだ。

さて、「人間シチュー」という同じカテゴリーに収まる話ながら、アメリカでの噂と日本での噂にはまったく因果関係が見つからない。どちらの話が先に生まれ、どちらの派生バージョンとなったと断言しにくいのだ。

数多くの都市伝説を追っていると、ときどきこうしたタイプの話に行き当たることがある。どこに生まれてどこに住んでいようと、人間の心理は根底に近い部分で同じように働くのかもしれない。より重い響きの言葉で言うなら、集団的無意識とか、原型（アーキタイプ）的なものが働いているとも言えるだろう。

いずれにせよ、奇妙な噂は一度生まれたら自ら増殖し、多くの人を巻き込みながら流布の度合いを高めていく。そしてやがては、事実と虚実の境界線が曖昧になり、両者が逆転してしまうこともままあるのだ。

【恐るべきタイミング】　アメリカ　ヨーロッパ　日本

こんな話を聞いたことはありませんか？

アメリカのとある大企業で実際に起きた話。ある日、勤続年数が長い50代の男性が新しくやってきた若い上司に呼び出された。昇進の話にちがいないと思い、笑いをかみ殺しながらオフィスに入ると、なにやら深刻な表情をしている。椅子にかけると、上司はこう切り出した。

「実は、大変残念な話をしなければならない。今度、大幅な人員削減をしなければならなくなった。君はかなり長い間この会社で働いているが、君に適したポストがなくなってしまう」

「それは、クビということですか？」

男性は、怒りを抑えながら努めて冷静な口調で訊ねた。時には家庭を犠牲にしてまで会社に尽くしてきたのに、こんな若造からクビを言い渡されるとは……。しかも、定年までもう２年もない。定年まで会社にいることができれば退職金も入り、その後の人生を妻と楽しく暮らしていくことができるのに……。しかし、今クビを切られては退職金も満額で支給されない。

「じゃ、そういうことで」

上司は、有無を言わさぬ口調で話を切り上げてしまった。自分の机に戻ってきた彼は、覚悟を決めた。職を失い、あてにしていた退職金も入らないとなったら、事故に見せかけて自殺して保険金を残すしかない。そのままふらふらとエレベーターまで歩いていき、屋上に出た彼は、見慣れた周囲の景色をもういちど見てから飛び降りた。

目が覚めると、彼は担架に乗せられていた。同僚たちが心配そうな表情で覗き込んでいる。そのひとりに向かって、彼はこう訊ねた。

「俺は……まだ生きてるのか？」

意識が戻ったのを確認した同僚は、嬉しそうな口調でこう話した。

「ああ、よかった。信じられないことが起きたんだ。君が地面に落ちるほんの一瞬前、あの嫌な若造がちょうど正面玄関から出て来た。君の体がやつに激突したんだ。即死だよ。やつの体がクッションになって、君は大したケガをせずに済んだってわけだ。やつがいなくなれば、僕に昇進のチャンスがめぐってくる。すべて君のおかげだ。悪いようにはしない。もちろんクビになることもない」

この話、アメリカでは“Failed Suicide”（失敗自殺）と呼ばれて流布している。同じプロットの派生バージョンがヨーロッパ各国でも噂されているようだ。ヨーロッパバージョンは、悲惨なプロットの中にも皮肉なジョークめいたニュアンスが感じられる。

とある日本企業での話。働き者の日本人サラリーマンがいつものように仕事をしていると、妻がオフィスに訪ねてきた。そして彼の机の前に立ち、いきなり「別れたい」と切り出した。カラオケバーを回っているバンドのシンガーと恋に落ちてしまったというのだ。

あまりの出来事にすっかり動転してしまった彼は、オフィスがあるビルの屋上から飛び降りて自殺することにした。

地面に向かって飛び降りたまさにその瞬間、妻が正面玄関から出てきた。彼女は落ちてきた夫の体に直撃され、即死した。夫は命こそ助かったものの、過失致死罪で有罪となり、10年の禁固刑を言い渡された。


アメリカバージョンもヨーロッパバージョンも、もちろん実話として伝えられている。まったくの作り話が実話として通用することはない。何回も言ってしまうが、都市伝説には、聞き手に受け容れられやすくなるための要素＝一抹の事実が盛り込まれている。もちろん、この話も例外ではない。

この話における一抹の事実とは何か。飛び降りた自殺者が下の道路を歩いている歩行者を直撃するという内容の事件だ。ネットで検索をかけると、信じられないようなタイミングで起きた不幸な事件がいくつも出てくる。たとえば、２００９年９月にはスペインのバルセロナにあるマンションから飛び降りた50歳の男性が、たまたまその下を歩いていた女性を直撃し、死亡させてしまった。飛び降りというのが自殺の手段として多いかどうかは別として、歩いているときに自殺者の体に直撃されて死んでしまう人は、想像以上に多いのが事実だ。

日本でもまったく同じプロットの噂が一時期流布していたが、短時間のうちに生まれた派生バージョンにとって代わられた。

丸の内のとあるオフィスビルで働いているOLが、ものすごく怖い思いをした。いつものように、オフィスの窓辺に置かれたコピー機で書類をコピーしていたとき、ふと窓の外を見ると、何かが落ちて来た。それは人間だった。そして、次の瞬間、彼女はその人と視線を合わせてしまった。若い男性で、言葉では表現できないほど目がうつろだった。あまりのショックに、彼女は一カ月ほど会社を休まなければならなかった。

ここにも、聞き手が受け容れやすい話となるための変容が見られる。自殺者に直撃されるというプロットよりも、仕事中という日常の場面設定で体験する信じられない状況というほうが、多くの人にとって受け容れやすかったのだろう。さらにこの話は、次のような派生バージョンを生んだ。

友だちの友だちが、ビルの窓拭きのバイトをしてるんだけど、その職場の先輩に聞いたっていう話。その先輩と何年か前にいっしょに仕事をしていた人が実際に体験したらしい。ある日いつものようにゴンドラに乗って仕事をしていて、現場のビルの半分くらいまで来たとき、何気なく後ろを振り返ったらしい。その瞬間、屋上から飛び降りた人とばっちり目が合った。作業用のゴンドラは建物の外に張り出しているから、飛び降りてきた人との距離は１メートルくらいしかなかったらしい。死ぬ直前、最後に見た人間になってしまった。この人はあまりのショックに、翌日から会社に来なくなった。その後かなり長い間入院していたが、会社を辞めて田舎に帰ったそうだ。

日本にもこの種の話が受け容れられやすくなるための事実が背景情報として揃っている。いくつか挙げておこう。

＊２００６年７月、新宿のデパートから飛び降りた男性が、真下にある公共スペースのベンチに座っていた３人を直撃。

＊２００６年10月、東京都調布市で、飛び降り自殺を図った女性が下を歩いていた20歳の

女性を直撃。

＊２００７年１月、新宿区のマンションから飛び降りた男性が、路上にいたバイク便の男性に激突。

＊２００７年11月、豊島区で飛び降り自殺を図った女性が下を歩いていた男性を直撃し、死亡させる。

＊２００８年３月、東京都立川市で、飛び降り自殺を図った男性に直撃された女性が骨折の重傷を負う。

アメリカやヨーロッパで流布しているプロットの話がそのまま入ってきて広がることはなかったが、そこから日本独自の派生バージョンが生まれた。派生バージョンが生まれた背景には、ここで挙げた事実がなんらかの形で関係していると考えていいのではないだろうか。

【死んでいました】　日本　アメリカ

こんな話を聞いたことはありませんか？

友だちが、会社に出入りしている営業さんから聞いた話。上司のSさんという50代の人は、誰よりも早く来て、誰よりも遅く帰るのが当たり前。職場に住んでるんじゃないかって言われてるくらいの人。

去年の冬。正月休み明けから、Sさんはいつものように働いてたんだけど、様子がおかしくなったんだって。書類を机の上に広げたまま頬杖をついて下を向いて動かないの。でも、邪魔しちゃいけないと思って誰も声をかけなかったんだって。

Sさんは翌日もその翌日も、同じ書類を見っぱなしだったんだけど、年明けだったからみんな忙しくて大して気に留めなかったらしいの。ところが、毎日同じスーツとネクタイで同じ姿勢でいるから、これはおかしいってことになって、女の子が声をかけたんだって。でも、Sさんはまったく動かないのね。肩に手をかけたら、そのままの格好で床に倒れたんだって。病院に運び込んで詳しい話を聞くと、脳溢血で亡くなってて、死後5日も経ってたんだって……。誰も気づかないなんて、悲惨な話よね。

筆者がこの話を知ったのは、２００４年の春だった。当時通っていたスポーツクラブで知り合ったＯＬさんから聞いたものだ。リストラの嵐が吹き荒れる中、中間管理職の男性が無理に無理を重ね、職場の誰にも気づかれないまま息を引き取る。この話は、ネットの掲示板やチェーンメール経由でも盛んに流布していた。

その後２００６年にロサンゼルスで街頭アンケート調査を行う機会があった。そのときに聞いたのが、次のような話だ。

ワシントン州にある超大手ソフト開発会社で起きた話。この会社は勤務がかなりハードで、プログラマーは常に忙しく、家に帰れない日が続くこともある。オフィスはパーティションで区切られているので、両隣で働いている人間と目が合うことはない。唯一見えるのは、自分の後ろの席で仕事をしている人だけだ。

ここで働く、中堅のプログラマーがいた。仮に名前をジョンとしておこう。ジョンの真後ろは、デイビッドという同僚の席だ。デイビッドはものすごい働き者で、彼がいつ出社していつ退社するのか、オフィスの中でも誰も知らないような状態だった。

ある週の月曜日、ジョンが出社すると、デイビッドはもう机にいた。おはようと声をかけたが、返事はない。その日も忙しく過ごしたジョンが一息ついて時計を見ると、もう夜の10時を回っていた。デイビッドはまだ働いているようだ。邪魔をしてはいけないと思い、ジョンは静かに帰り支度をしてオフィスを出た。

ところが、翌日もその次の日もデイビッドは自分の席に座ったままだった。同僚に訊ねてみると、ランチタイムにさえ姿を見かけたという者はいない。とうとう金曜日が来たが、それでもデイビッドは座ったままだった。家に帰っていないのだろう。シャツも替えていない。ちょっとにおう。

ランチタイムを見計らって、ジョンはデイビッドに声をかけることにした。しかし彼は答えない。肩に手をかけると、表現し難い嫌な冷たさが伝わってきた。驚いて椅子を引くと、デイビッドは息をしていなかった。

慌てて病院に連れて行ったが、すでに死んでいる状態なので手の施しようがない。医師の話によれば、死後5日くらい経過しているという。死臭を放ちはじめるまで、誰も彼の死に気づかなかった。

時系列だけから見れば、日本で生まれた話がアメリカで変容し、人々が噂するようになったということだろうか。ちなみに、アメリカバージョンの舞台となっているのは誰でも知っている超有名なソフト会社だ。もちろん、この会社で話の進行どおりの形で過労死事件が起きたという事実はない。

それから1年。2007年12月5日付の朝日新聞で、面白い記事を見つけた。ネットゲームに熱中するあまり、妻をまったく顧みない夫についての話だ。無視される妻は〝ネトゲ未亡人〟と呼ばれる。この記事を読んで、主婦専用のコミュニティーサイトでまことしやかに噂されていた話を思い出した。採話したのは、2007年3月だ。

友だちの友だちの知り合いが体験した本当の話です。その人は30歳を過ぎてからお見合いで結婚しました。相手は口数が少なく、優しい男性だったので、決意したようです。

ここでは仮にA男さんと呼んでおきます。A男さんはゲームが大好きでした。仕事から帰ってくるとまず自分の部屋に行って、2時間くらいゲームをします。それが終わると、さっさとお風呂に入ってご飯を食べ、平日ならばそのまま寝てしまうそうです。

最悪なのは休みの日。朝早く起きるのはいいのですが、何も食べないで延々とゲームをやります。「買い物行きましょ」なんて言おうものなら、睨んだあとにいかにもいやいやっていう感じで立ち上がって、仕方なく行くそうです。帰ってきたら、もちろんすぐに自分の部屋でゲーム。こんな生活が、結婚直後から続きました。

結婚して２年が経った頃。ふたりの仲はすでに冷えきっていました。子どももいない。夫は家にいる時間のほとんどをゲームをして過ごしている……。会話もまったくなくなり、食事も別々にするようになっていました。

ある金曜日、Ａ男さんは帰ってきてすぐにいつものように自分の部屋にこもりました。奥さんはテーブルの上に食事だけ用意して、お風呂に入って寝ることにしました。部屋の前を通りかかると、お風呂に入る前も上がった後もゲームの音がしていました。

Ａ男さんは翌日の土曜日もまったく顔を見せませんでした。奥さんは朝ごはんを部屋に持って行きましたが、相変わらずゲームの音が聞こえるので、ばかばかしくなってしまいました。自分は何をやってるんだろうと思ったのです。大人なんだから、お腹が空けば自分から出てくるだろう。そう思って、そのまま買い物に行って夜遅くまで帰ってきませんでした。その夜、Ａ男さんは寝室にも来ませんでした。

日曜日も会わなかったので、さすがに心配になって部屋に行ったら、まだゲームの音がしています。奥さんは、それを聞いてものすごく悲しくなりました。自分は、こんなことをするために結婚したんじゃない。もっと、ふたりでいろいろなことをしたい。そこで、態度を改めるか離婚するか問い詰めようとドアを開けました。

A男さんは床に座ったまま背を向けていました。「あなた……」と声をかけても、まったく振り向きません。何回か声をかけても無視されたので前に回ると、A男さんはコントローラーを持ったまま白目をむいて泡を吹いていました。

慌てて救急車を呼びましたが、もう手遅れでした。脳溢血で即死の状態で、死後少なくとも2日は経過しているということでした。奥さんは今でも、何でもう少し早く部屋に入らなかったんだろうと後悔しているそうです。やはり、夫婦間のコミュニケーションは良くしておいたほうがいいと思います。

変わらぬプロットに、時代の世相を反映するモチーフが盛り込まれ、さまざまな派生バージョンが生まれるのは都市伝説の常だ。そういう意味で、この話はきわめてオーソドックスであると言えるだろう。

【死のゴルフ場】　アメリカ　日本　イギリス

こんな話を聞いたことはありませんか？

ゴルフが大好きな男性がいた。休みになるとどこかのゴルフ場に出かけてプレーを楽しんでいた彼には、癖があった。ティーショットを打った後、ティーを口にくわえて第二打の地点まで歩いていく。これをいつも18ホール続けていた。この男性は50歳の誕生日を迎えた直後に亡くなったのだが、その死因が奇妙だった。

医師が言うには、除草剤の成分が体内に大量に残っていたという。それがもとで臓器不全を起こしたのだ。絶対量はどうであれ、彼の体内に除草剤の成分が入った理由はひとつしか考えられなかった。ティーアップしたときに、土壌に含まれた除草剤成分がティーに付着し、それをくわえていた。１回の分は微量かもしれないが、それを18ホール続け、毎週のようにゴルフ場通いをしていれば、ある程度の量が体内に入ってしまう。男性は、ティーショットの後にティーを口にくわえる癖のために命を落としてしまったのだ。

アメリカのゴルフ場は、フェアウェイやグリーンに大量の除草剤がまいてある。特にプロゴルファーは、除草剤のために体調を崩すことが多いらしい。

この話、アメリカでは1987年ごろからさかんに噂され、ゴルフ雑誌だけではなく一般誌でも特集記事が組まれたことがある。背景について語るのは少し後にして、まずは筆者が聞いたよく似た話を紹介しておく。筆者がこの話を聞いたのは1998年だ。当時いっしょに仕事をしていたカメラマンが話してくれた。

高校時代だから、もう15年前の話です。当時は千葉県のN市内に住んでいて、国道沿いにある喫茶店でバイトしてました。近くにゴルフ場があったから、その行き帰りのお客さんが多かったんです。

ある時期を境にして、お客さんがどこかのゴルフ場について奇妙な話をしているのをよく聞くようになりました。3カ月くらいの間に、コースで突然死する人が何人も出たんだそうです。保健所の調査が入って、かなり高い濃度の除草剤が使われていることがわかりました。亡くなった人たちはみんな高齢で、プレーしているうちに少しずつ除草剤が体の中に入り、それが原因で心臓発作や脳溢血を起こしたんだそうです。雨が降った後に日光があたると、水蒸気が上がりますよね？　それが高濃度の除草剤を含んだ霧になったというわけです。

でも、誰に話を聞いても事件が起きたゴルフ場が特定できないんです。千葉県はゴルフ場がいっぱいあるから、みんながいろいろなことを言ってました。でも、当時は、ゴルフ場こそ特定できないものの、一部のゴルファーの間では事実として認識されてましたよ。

冒頭で紹介した話に戻る。実は、アメリカで流布している話は事実を基にしている部分が多い。1982年、アメリカ海軍の士官ジョージ・M・プライアー大尉が、バージニア州アーリントンにある軍関係者専用のゴルフコースで36ホールを2日間でプレーした。2日目、最終ホールのグリーンに着く前の時点で、プライアー大尉は頭痛を訴えていたという。その日の夜発熱し、体中に水疱が現れた。吐き気が止まらず、熱は40度以上になった。ベセスダの海軍病院に収容されたときには、体の表皮の80パーセントが水疱に覆われ、内臓も機能不全を起こしていた。

プライアー大尉の体内から発見されたのは、ダコニルという除草剤の成分だった。フェアウェイやグリーンの茶色い部分を鮮やかな緑色にするために使われる薬品だ。プライアー大尉はダコニルに対する過敏体質だったようだ。3日目の朝を迎える前に亡くなったプライアー大尉の未亡人は、ダコニルの製造元であるダイアモンド・シャムロック・ケミカル社を相手に総額2千万ドルの訴訟を起こした。

ちなみに、プライアー大尉がティーショットの後、ティーを口にくわえていたかはわからない。前述したように1987年にはゴルフ場で使われる化学薬品の特集が多くの雑誌で組まれ、プライアー大尉死亡事件が取り上げられることも多かったが、ティーを口にくわえていたかまでを突き止める記事はなかった。

さて、2004年の夏、当時住んでいた世田谷区下北沢にあるアイリッシュパブで知り合ったイギリス人男性から、次のような話を聞いた。彼は某英会話学校で講師をしており、その年の春に日本に来たばかりだった。

最近はイギリスにも日本人観光客が増えた。ロンドンは相変わらずの人気だけど、ゴルフを目当てに来る人もかなり多い。出張のビジネスマンも、旅程を一日延ばしてでもゴルフをやりたがる。僕は日本に来る前、ロンドンのツアー会社でガイドをやっていたことがあるんだが、この話は仕事仲間から聞いた。

とある商社から、偉い人が出張でイギリスに来た。仕事は3日くらいで終わったが、その後1週間も残ってゴルフ三昧の毎日を過ごしていたんだ。ロンドンの郊外にあるコースがお気に入りだったらしく、そこでプレーすることが多かった。そして5日目の夕方。18番ホールでティーショットを打ち終わった後、彼はその場で倒れてしまった。

病院に担ぎ込まれて精密検査が行われた結果、体内に毒物があることがわかった。医師がすぐに警察に連絡し、男性の回復を待って、事情聴取が行われた。ところが、男性は毒を盛られた記憶などない。そんなことをされる覚えもない。詳しい話を聞くうち、どうもゴルフ場が怪しいということになった。そしてゴルフ場の土壌を調べたら、基準値をはるかに上回る濃度の除草剤成分が残存していることがわかった。

この男性は、ティーショットを打った後に、ティーを口にくわえる癖があった。そのとき、芝生や草からティーに染みこんでいった除草剤の成分が知らず知らずのうちに体内に入り、蓄積してしまったというわけだ。

伝播のメカニズムを考えると、アメリカで起きた実際の事件からアメリカバージョンの都市伝説が生まれ、それが日本に入って流布したのが、筆者の知り合いのカメラマンがしてくれた話だろう。時系列的にもおかしくない。そして同じ話がイギリスに——おそらくは同時にアイルランドやスコットランドにも——渡り、聞き手が受け容れやすい話となるために日本人ツアー客というわかりやすいモチーフを盛り込んだ話が生まれ、広く流布したということなのだろう。

ごく最近、遅ればせながらゴルフを始めた。まだ9番アイアンもまっすぐに飛ばない状態だが、いずれコースに出るときには、いっしょに回る人間にこの話をしようと思っている。

第8章　ネットで流れる都市伝説

【グーグルアース】　アメリカ　日本

こんなメールを受け取ったことはありませんか？

グーグルアースのストリートビューは、すごく面白い。アメリカ中のどこの州のどこの街でも、まるでその場に立っているような臨場感で景色を楽しむことができる。とある大学生がこれにハマり、自分が生まれた家から昔の彼女の家、通っていた高校、両親のそれぞれの実家といった具合に、毎晩のようにあちこちの場所を訪れていた。

そしてある日。寮の部屋で友だちと暇をもてあましていた彼は、今住んでいる寮の画像を見てみようと友だちに持ちかけた。

ソフトを立ち上げ、大学の住所を入れてキャンパス全体の画像を映し出し、徐々に絞り込んで自分たちが住んでいる寮をズームしていく。寮の建物がはっきりとしたところでストリートビューに切り替え、自分たちが住んでいる部屋の窓を探す。

あった。しかも、何と自分の姿が写っているではないか。しかも今着ているのと同じ服を着ている。隣に立ってモニターを覗き込んでいる友だちも、今とまったく同じ服装をしている。

驚いてさらにズームしてみると、ふたりの位置関係もまるで同じだ。さらにズームすると、窓のすぐそばから狙った画像になった。さらにクリックし続けると、今度は寮の廊下が写し出された。何番目かのドアが自分の部屋だ。

そしてさらにクリックすると、自分の部屋の内部が写し出された。真後ろの壁、天井くらいの高さから狙った画像だ。

顔を見合わせたふたりは、頷いた。そして恐る恐る後ろを振り返ると、そこには……。

ふたりが見たものについては語られない。聞き手の想像に任せるといったところだろうか。この話はストリートビューという最新機能のサービスが提供されてから流布しはじめたものだが、もちろん実際にはこんなことはありえない。グーグルアースに関しては、2005年の稼動直後から奇妙な噂が立ちはじめた。

巨大な〝ダビデの星〟がアメリカ、ネバダ州の砂漠にある乾湖の底に、まるで地上絵のように刻まれているとか、スコットランドのネス湖を撮影した画像にズームしていくとネッシーが写り込んでいるといった噂がサイバースペースをにぎわせた。こうした奇妙な発見物ばかりを報告しあう多くの掲示板が盛り上がった時期もある。

グーグルアースは、1メートル程度の大きさのものなら十分判別できる。今後は解像度がさらに上がり、地上にある50センチのものも識別できるようになるという。ここまで解像度が上がれば、ナンバープレートを読み取ることなどたやすい。人間の顔も完全に識別できるだろう。スパイ衛星が撮影したような解像度の画像が、自宅のコンピューターで簡単に手に入れられるのだ。

世界中のテロリスト組織がグーグルアースからダウンロードした地図を持っているとか、国防総省がグーグルとの協力を拒否し、基地の画像を削除したという話もある。日本では、東京都町田市議会が2008年10月9日に国や都に規制を求めて意見書を提出したという事実もある。

さて、前述した〝奇妙なもの〟が写っている画像に関する話が盛り上がるにつれ、次のような話がチェーンメール経由で流布した。

とある若い女性が、グーグルアースの画像でラスベガスの街を見ていたときのこと。ラスベガス大通りに立ち並ぶホテルのひとつにズームしていくと、かなり上層階の窓に人がふたり立っているのが見えた。面白いと思ってどんどんズームインすると、なんと写っているひとりは自分のボーイフレンドだった。肩を組みながら隣に立っているのは、いかにもコールガールといった感じの女性で、もちろんふたりとも裸。ふたりが裸のまま窓辺に立ったまさにその瞬間にシャッターが切られ、動かぬ証拠がサイバースペースに残ることになってしまった。

さらには、かなり長い間生き続けることになる次のようなバージョンが、2006年の秋ごろ生まれている。

とある小学生が夏休みの宿題で、グーグルアースで世界旅行をしてそれを作文にし、提出することに決めた。衛星写真で自宅付近の画像を出し、リアリティーを出すために最寄りの空港までの道順を正確に書く。そして空港周辺まで来たときにストリートビューに切り替えると、とある民家の窓辺が写り、そこにふたりの人影が見えた。

面白いと思ってズームすると、ふたりは争っていた。ひとりは若い男で、もうひとりはおばあさんだった。画像には、若い男が手に持っていたナイフでおばあさんの胸を刺したまさにその瞬間が写っていた。

すぐに住所を調べ、警察に電話すると、数カ月前にその家で強盗殺人事件があったという。小学生は事の次第をすべて話し、警察が画像を拡大し、指名手配にした結果、犯人は逮捕された。画像がなければ、そして小学生が偶然に見つけなければ、事件は迷宮入りになっていただろう。

いずれの話も、〝奇妙なものが写り込んでいる〟というそもそものプロットを壊すことなく、新しいモチーフを盛り込む形で進化している。ただ変なものが写っているという話よりも、写っているものの裏側にもっともらしいストーリーが感じられるほうが面白がられ、流布しやすかったということだろう。

その後ストリートビューという新しい機能が使えるようになってからは、そもそも数多く存在していた「○○が写っていた」という種類の話に奥行きと深みが出た。この機能は、衛星写真だけでは表現できない人の目線の画像を可能にする。360度の景色を一度に撮影できるカメラを搭載した車が使われるので、見ることができる画像も数え切れないくらいある。実際の画像は、監視カメラのそれに酷似している。さらにはズームインも角度の変更も思いのままできるので、少なくとも視覚的にはその場に立っているのと変わらない。こうした事実が背景としてあって、冒頭で紹介した話が生まれたというわけだ。ジョージ・オーウェルが近未来小説『1984』を書いたのは1949年だった。徹底的な監視体制が敷かれている社会を描いた作品だ。グーグルアースに関する数多くの噂は、『1984』に描かれているようなデジタル監視社会に対する漠然とした恐怖の裏返しなのかもしれない。

【ビデオの予言】　アメリカ　日本

こんなメールを受け取ったことはありませんか?

とある新婚カップルが、ハネムーンでサンフランシスコに行った。毎日昼間は観光と買い物に費やし、夜は高いレストランで食事を楽しんでいた。しかし、そんなことが続いたのも5日間。毎日出歩くのに疲れてしまった。

「今日は出かけるの、止めない？」と妻が言った。「部屋にビデオがあるでしょ？　さっき、ビデオ屋を見つけたの。夕食はルームサービスにして、ゆっくり映画でも見ましょう」

「それはいい考えだ」と夫も同意した。「僕が行って借りてくる。何か見たい映画はある？」

「ロマンティックなのがいいな」と妻が言う。「デミ・ムーアとパトリック・スウェイジが共演してるのを借りてきて」

「『ゴースト』のことか？」

「そうそう。それを見ましょ」

夕食を済ませた後、ふたりはベッドに寝そべって借りてきたビデオを見た。映画が終わり、クレジットが流れ出したが、リモコンがどこかへ行ってしまって停止できない。ふたりで探していると、パトリック・スウェイジが突然画面に現れた。画面の中のスウェイジは妻をまっすぐ見つめてこう言った。「すぐにお母さんに電話をかけなさい」

そして画面は真っ暗になった。「今のは何だ？」と夫が言う。妻も「何だったのかしら……」と答えたものの、胸騒ぎが止まらない。リモコンを見つけた夫は、テープを巻き戻した。妻は胸騒ぎを押し殺してシャワーを浴びて、そのまま寝てしまった。

翌朝起きてしばらく経つと、部屋の電話が鳴った。妻が受話器を取ると、弟の切羽詰った声が聞こえてきた。

「姉さん、大変だぞ。ハネムーンの途中にこんなことになって申し訳ないが、すぐに帰って来て欲しい。昨日の夜、ママが亡くなった」


チェーンメールを媒体として広く深く浸透する噂がある。この話は、そういうジャンルの噂の代表格だ。代表格と言える理由は、流布が90年代半ばに始まったことと、その時期が『ウィンドウズ95』の発売と重なるからにほかならない。『ウィンドウズ95』によってコンピューターが家電化し、ごく身近なツールを通じて多くの奇妙な噂がやりとりされるようになった。やがて噂のやりとりはひとつの国の中だけではなく、世界中で同時進行的に行われるようになった。

この話のキーポイントは、〝映っているはずのないもの〟というモチーフだ。前項で紹介しているグーグルアースの話と似ているが、一世代前の都市伝説ということができるだろう。

「ビデオの予言」という題名が付けられたこの話には、『ゴースト』のほかに『オールウェイズ』（リチャード・ドレイファス／オードリー・ヘップバーン）や『奇跡の輝き』（ロビン・ウィリアムズ／アナベラ・シオラ）といった映画がモチーフに使われることもあるが、いずれもスピリチュアルな世界をテーマにした物語だ。冒頭で紹介したバージョンは、妻の母親が亡くなった事実を知るところで終わっているが、借りたビデオを返却するときに夫が「変なものが映っている」と店員に文句を言い、その場で再生して調べるがおかしなところは何もなかったというオチで終わるバージョンもある。

「ビデオの予言」は時代の移り変わりとともに変化する、あるいはその時代を象徴するような道具をモチーフとしながら進化し続けた。

春休み、カリフォルニアへ一人旅で遊びに来ていた大学生がいた。彼は手放すことがないアイポッドに、行く先々のアップルショップでビデオをダウンロードしていた。

ある夜寝付けなかったので、ビデオを見ようと思い、アイポッドのスイッチを入れた。U2の『ビューティフル・デイ』のビデオを見ていると、途中でボーカルのボノが彼に向かってこう言った。「すぐ家に電話をかけるんだ。大変なことになってるぞ」

自分に向かって話しかけているとしか思えない。巻き戻して再生してみると、また同じ場面で同じことを言われた。

バカらしいとは思ったが、胸騒ぎを抑えることができない。彼は携帯電話を取り出し、家にかけてみた。誰も出ない。一度切ってかけ直したが同じだった。両親も妹も、この時間なら家にいるはずだ。何かあったに違いない。

今度は妹の携帯にかけてみると、すぐに出た妹はこう言った。「お兄ちゃん、大変だよ！　家が燃えちゃったの！　今、みんなで近くのホテルにいるとこ。でも、よくわかったね……。とにかく、すぐに帰って来て！」

当然のことながら、モチーフとして登場するのはU2だけではない。ブラック・アイド・ピーズやグリーン・デイ、そしてグッド・シャーロットといった人気アーティストを盛り込んださまざまなバージョンが生まれ続けている。

映画をモチーフとした〝映っているはずのないもの〟に関する話のルーツは何か訊ねられれば、筆者は1977年に公開されたイタリアのホラー映画『サスペリア』であると答えるだろう。映画が始まってしばらく経ち、雨の中でヒロインがタクシーに乗り込むシーンがある。このシーンで、ほんの一瞬だけ、目を大きく見開く男性の顔がタクシーのリアウィンドウに映る。

問題のシーンに関しては、本物の霊が映り込んでいると主張する霊能者がいたり、ダリオ・アルジェント監督が話題性を狙って意図的に挿入したと証言する関係者が出てきたりと、さまざまな憶測が飛び交った。

その後多くの人が知ることとなったのは、『スリーメン＆ベイビー』に少年の幽霊が映っているという噂だ。とある場面で窓の外に立った男の子がじっとカメラを見つめている。スタジオで事故死した少年の霊にちがいないという噂がたったが、しばらくして別の映画の宣伝用パネルが置きっぱなしになっていただけだったという事実が明らかになった。

別の解釈もある。出演者のひとりテッド・ダンソンが演じているのが売れない役者で、彼がどこかの撮影現場から持ってきたパネルを飾っていた——つまり意図的に置かれた小道具だった——という説もある。

「ビデオの予言」は、今後も進化を続けていくだろう。プロットは変わらないはずだ。そしてより確実に言えるのは、大ヒットした映画や曲がモチーフとして必ず盛り込まれるということだ。

【インターネット大掃除の日】　アメリカ　日本

こんなメールを受け取ったことはありませんか？

ＲＥ：ＷＷＷクリーンナップ
国土安全保障省　発
医療・警察・消防関係機関宛て
　3月31日深夜12時から24時間にわたり、インターネット関連のすべての電子機器が使用不可能となります。サイバースペースには電子浮遊物というものが存在し、これが多くなると、接続などに障害が起こりやすくなります。
　電子浮遊物とは、読まれないまま削除されてしまったメールや、転送に失敗したファイルなどのことです。3月31日に行われるのは、こうした不純物を取り除くための大掃除です。

作業は日本のメーカーが開発した多言語・多指向性インターネット・ロボット5基によって、世界同時に行われます。作業が行われている間は、すべてのインターネット関連機器をモデムから取り外しておいてください。念のため、すべてのファイルのバックアップを取っておくこともお勧めしておきます。作業時間中は、メールによるファイルの送信は絶対にしないでください。

パニックを避けるため、この情報はインターネットへの依存度が高い緊急医療機関や警察・消防、そしてアトランダムに選び出された少数の人にだけ公開されています。このメールの内容を知らせる場合は、5人に限って許可されます。

このメールは、２００６年3月半ばに筆者に送られてきたものだ。言うまでもないが、医療とも消防とも警察とも関係ないので、〝アトランダムに選び出された少数のひとり〟ということになるのだろう。

日本では明治時代に入ってきたと言われる〝不幸の手紙〟。筆者自身が実物を手にしたのは小学校2年生のときだったから、１９７０年だ。いわゆるチェーンメール（不幸の手紙はチェーンレターとして分類される）は、不幸の手紙以来、時代の移り変わりとともに着々と進化してきた。『ウィンドウズ95』の普及により、メールが一般的になったアメリカでは、95年にチェーンメールの絶対数が爆発的に増加した。

日本の事情は少し違う。コンピューターよりも、日常生活におけるごく身近な道具であるケータイが最高の媒体となった。今でこそアメリカでもケータイメールは〝テクスティング〟という名称で一般的になったが、ほんの数年前まではコンピューターがメールのやりとりの主役だった。言ってみれば、チェーンメールの歴史はアメリカのほうがはるかに古いが、媒体の浸透性とその使い勝手の良さは日本が数段先を行っているという状態だ。

さて、冒頭で紹介した程度のメールならば、仮に完全に騙されてしまったとしても大した実害はない。うっかり転送してしまった相手から笑われる程度で済むだろう。しかし、中には悪意に満ちたものもある。大抵のコンピューターに必要な機能として組み込まれているプログラムを、あたかもメール経由で仕込まれるウィルスであるかのように説明し、削除するよう仕向ける「テディベアウィルス」というチェーンメールが流行したことがある。そもそも英文のメールだったが、いつの頃からか日本語訳されたものが流布しはじめ、被害者が拡大した。メールの文面は次のようになっている。

お使いのコンピューターに、小さなクマの形をしたアイコンはありませんか？　このメールは、ＭＳＮのホット・メール使用者に対して警告を発するために送っています。クマのアイコンが見つかったら、あなたのコンピューターは「jdbgmgr.exe」というウィルスに感染しています。このウィルスは、市販されているウィルス対策ソフトでは検知も駆除もできません。コンピューター内に入り込み、14日間ほどの潜伏期間を経てデータを破壊しはじめます。

（以下削除の手順）

ところがこのプログラムは、Ｊａｖａをデバッグするために必要なシステムプログラムだった。デマメールによって必要なプログラムを削除させ、コンピューターを正常に作動させなくしてしまうという〝サイバー愉快犯〟だ。このチェーンメールを考えついた誰かは、被害者が困る姿を目の当たりにすることはできないが、そうした人々が確実に数多く存在する事実を嚙みしめて悦に入るのだろう。

さて、そもそもハガキというアナログな方法で生き残っていた不幸の手紙を、そのままの形で電子化したものもある。「クラス・プロジェクト」という名前のチェーンメールで、最初はアメリカで生まれたものだったが、後になってイギリスやオーストラリア、そしてヨーロッパやアジアと、文字どおり世界全体に広がった。

はじめまして。僕たちはフロリダ州にあるボカ・レイトン小学校の4年生です。学校でコンピューターを習っていて、やっとメールが送れるようになりました。そこで、僕たちが出すメールが世界のどこまで届くのかを実験しようということになりました。あなたにお願いがあります。この手紙の文面を変えずに、そのままの形で10人に送ってくれませんか？　実験を始めたのは2カ月前ですが、僕たちのところに戻ってくるまでどのくらい時間がかかるのか、それから、どこの国まで届くのかを知りたいです。どうか協力してください。

ボカ・レイトン小学校4年生一同

実はこのチェーンメールには、原話らしきものがある。カナダの南東部に位置するノバスコシア州ハリファックスのミルコーブ小学校の5年生を教えているグリンダ・ウィマー先生こそが、「クラス・プロジェクト」の発案者だというのだ。

1999年の4月、ウィマー先生は生徒17人を集めてコンピューター・クラブを作り、操作に慣れ親しむ練習としてメールを選んだ。ガラスの瓶に手紙を入れて海に流すのではなく、メールで似たようなことをしようと思いついたのだ。

生徒たちは不特定多数の人々に対してメールを送り、「メールを受け取った場所と日時を書いて返信してください。そして、他の人にもこのメールを転送してください」と依頼した。

メールが受け取られた場所を地図上に描きこんでいき、2カ月経った時点での様子を見るというのが当初の目的だったが、ウィマー先生も生徒たちもサイバースペースのスピードを見くびっていたようだ。

4月7日に送ったメールの総数は15通で、すべて生徒の親戚宛てだった。ところがその日の終わりまでに180通の返信があり、翌日は250通、実験開始後8日目には1時間に200通という猛烈な勢いで返信が寄せられ、総数があっという間に1万通に達した。

この時点で、メールの発信地はカナダ/アメリカ全州、南極大陸を除く全体陸、地中海上を航行中のNATO軍艦、アメリカ国防省、NASAと、ありとあらゆるソースからの返信が集まった。

　この出来事を知った誰かが、まったく同じ文面のチェーンメールを考え出したというわけだ。これだけの勢いで広がれば、都市伝説もあえて口伝という方法を媒体にしなくてもいいのかもしれない。最近では画像つきのチェーンメールが主流となっている。ここ数年、伝統的な媒体である口伝に代わり、瞬時に多くの人に働きかけることができるメールが流布の主たる媒体となりつつある。こうした傾向は、これから先の時代でますます強くなっていくにちがいない。

【ゲイのルームメイト】　アメリカ　オーストラリア

　こんなメールを受け取ったことはありませんか?

　今から何年か前、職場の同僚から聞いた話。この話は、彼が通っていた大学で本当に起きた事件らしい。

学生寮に住んでいた男子学生がある朝起きたら、いいようのない体のだるさと、直腸のあたりに走る鈍い痛みを感じた。頭もぼうっとしている。しばらく放っておいたが、同じ症状が何週間も続いた。ちょっと心配になったので大学内の診療所に行って診察してもらうと、医師から思いがけないことを訊ねられた。「君はゲイかな？」と質問されたのだ。「違います」と答えると、医師は不思議そうな表情を浮かべながら症状を説明しはじめた。直腸の痛みは、どうやら肛門にできた傷が原因らしい。頭がぼうっとした感じと体のだるさについては、血液に大量のエーテル成分が入り込んだためらしい。

寮の部屋に戻ると、ルームメイトの姿が見えない。私物もまったく残されていなかった。夜になっても戻ってこないので、翌朝一番で学生課に行き、ルームメイトがどうしたのか訊ねると、自主退学したという。

部屋に戻ってきて、ルームメイトが使っていたクローゼットの中を見てみると、段ボールが1個だけ残されていた。中を見ると、エーテルが入った大きなビーカーと、血で染まった毛布が入っていた。

それを見た彼は、すべてを悟った。ルームメイトにエーテルをかがされ、意識がなくなったところを、毎晩のように犯されていたのだ。

この話は、１９８０年代終わりから90年代初頭にかけて生まれ、18～21歳の年齢層にあっという間に広がったキャンパスロアの代表例だ。ここで紹介したバージョンの他に、ルームメイトの置手紙を読んですべてを知る話、また、被害者がすべてを悟ったことを知らずに帰ってきたルームメイトがめちゃくちゃに殴られ、入院した後退学するという流れで進む話もある。

比較的新しい話と思えたのだが、プロット自体はかなり長い間生き続けているようだ。第二次世界大戦中にまったく同じ話が流布していた事実もある。兵士からの手紙に似たような話が書かれることが多かったので、真偽はともあれ、「ゲイのルームメイト」とまったく同じ流れで進む話があったことは確実だ。また、笑い話のようなバージョンがオーストラリアに存在する。

とある町に素晴らしいワインを作る農園主がいた。彼はゲイで、ワインの試飲会を開催しては若い男性を招き、さんざん飲ませて酔わせ、眠らせた後に次々犯すという密かな愉しみにふけっていた。

とある試飲会の翌朝、彼の家に泊まった若い男性ふたりがキッチンのテーブルで紅茶を飲みながら何かを話している。まずい。秘密の行為がばれたのだろうか。ワイン農園主は動揺を隠しながらふたりに近づき、何事もなかったかのように「おはよう」と声をかけ、何の話なのかさぐろうとした。

するとひとりがこう話しかけてきた。「おたくのワインはとても素晴らしい。飲み口もいいし、かなり飲んで酔っ払っても翌朝には残らない。でも、おしりが痛くなるのはなぜですか?」

この話は1978年に出版された『The Long & The Short & The Tall』という本で紹介されているもので、著者W・N・スコットが1940年代にオーストラリア海軍にいたときに聞いた話だったという。似たような話は、アメリカの軍関係者の間でも半ば仕事ロア化しているようだ。とある都市伝説掲示板にアップされていた情報によれば、世界4カ所の基地で勤務した陸軍兵士が、いずれも〝昔この基地で起きた本当の話〟として、まったく同じ話を聞かされたという。

日本に比べてパソコンの普及率が高かったアメリカでは、この話が瞬く間にネットロアと化した。今では高校生でも自分のブックパソコンを持っているが、「ゲイのルームメイト」がネットロアとしてブレイクした当時のアメリカでは、大学入学とともに自分専用のパソコンを買うというパターンが多かった事実も爆発的な流布に一役買っていたかもしれない。

90年代半ばを迎える頃になると、「ゲイのルームメイト」は新しい方向への進化を見せた。まったく別のキャンパスロアの要素を取り入れながら、ふたつの話がひとつに融合する形の派生バージョンが生まれた。

ルームメイトが自殺した場合、同じ部屋に住んでいる学生は、無条件でその学期に取っているすべての授業の成績がAになる。この規則は自殺だけではなく、ルームメイトが殺害された場合や事故死、ガンなどの重病による死も含まれるが、自らの手でルームメイトを殺害した場合は、これにあてはまらない。

この話は、1960年代に生まれたとされるキャンパスロアだ。当然のことながらこの話自体にも派生バージョンがあり、両親や親族、あるいはガールフレンドやボーイフレンドが亡くなった学期に限り、成績がオールAになるという話も生まれた。このプロットが、1990年代半ばあたりから「ゲイのルームメイト」に盛り込まれるようになり、次のような話が生まれた。

とある大学に、ゲイの男子学生が住んでいた。ルームメイトになった学生はもちろんストレートだったが、好みのタイプだった。そこで彼は夜遅くまで勉強するふりをしながらルームメイトが眠るのを待ち、エーテルを嗅がせて目覚めないようにしておいて犯した。ある日、ルームメイトが風邪を引いて学内の医務室に行き、すべてがばれた。あまりの屈辱に、ルームメイトは自殺してしまった。残されたゲイの男子学生は、学内規定で定められたとおり、その学期に取っているすべての授業の成績がAになった。

「ゲイのルームメイト」は、現代の高校生世代で戒めの物語として流布しているようだ。どんな人間がルームメイトになるか、入学して寮の部屋に入り、実際に顔を合わせるまではわからない。都市伝説専門の掲示板を覗いてみると、大多数はこの話（ルームメイトの自殺ルールも含めて）が都市伝説であることを知っているが、中には真実と信じ込んでいる高校生もいる。

絶対数は少ないかもしれないが、現役高校生世代の中にもこの話を真実と信じる者がいるのはなぜか。それは、今から60年以上前に生まれたプロットが世代を超えて形を変えながら伝えられているからにほかならない。

【ワード・オブ・マウス・ドット・コム】アメリカ

こんなメールを受け取ったことはありませんか？

WOMDC（ワード・オブ・マウス・ドット・コム）は、デジタル時代に不可欠な最先端のパーソナル情報サービスを提供するために発足されました。このメールの送信先＝つまりあなたに関する情報がネット上に現れると同時に、その内容と時間、発信元をお知らせするというサービスです。

WOMDCはサイバースペース上のありとあらゆる情報を網羅する膨大なデータベース

を有し、あなたという人間が他の人々のサイバースペース内コミュニケーション（メールやチャット）においてどのような扱いを受けているかを知ることができます。

言葉を換えて説明しましょう。あなた自身の評判を、リアルタイムのデジタル情報として受け取ることができるのです。

ＷＯＭＤＣの利用者は世界規模でのネットワークを構築しています。どんな国のどんなＳＮＳよりも巨大かつ緻密なネットワーク内の調査対象は、もちろん個人に限りません。特定の学校や企業の評判も、さまざまな角度から取りだすことが可能です。

今すぐサインアップして、サイバースペース内のご自分の評判、そして他人の本音を知り、ステイタス構築に役立ててください。


〝ワード・オブ・マウス〟というのは口コミという意味なので、〝口コミ・ドット・コム〟ということになるだろうか。どんな形であれ、自分の名前が出るたびにその内容を知らせてくれるサービスがあったら、ちょっと利用してみたいと思うのは筆者だけではないだろう。この内容は、２００５年に著者に送られてきたメールの内容を訳したものだ。

もちろんこんなサービスは存在しない。最初はジョークめいたチェーンメールとして生まれた〝ワード・オブ・マウス・ドット・コム〟は、やがてワンクリック詐欺的なサイバー犯罪の入り口として使われるようになってしまった。WOMDCという略称が都市伝説における最大のキーワードFOAF（Friend Of A Friend＝友だちの友だち）を連想させるが、ひっかかった人もかなりいたようだ。

詐欺の窓口として使われた後はすたれてしまったが、その直後に次のような派生バージョンが生まれ、チェーンメール化し、そして再び詐欺の窓口として使われた。

SY－DC（Share Your Information Dot Com）をご紹介します。わたしたちは、特定のメールアドレスおよびURLに対するモニタリングサービスを提供する企業です。今日は企業だけではなく、多くの個人ユーザーの方々も独自のウェブサイトをお持ちです。ブログを書かれている方々も多いでしょう。ビジターが残してくれるコメントはウェブサイト運営の指針になりますが、それだけで十分といえるでしょうか？

SY－DCは、特定のメールアドレスおよびウェブサイトに関するデリケートな情報をデータとして集積・管理しており、誰が何に対し、また誰が誰に対してどんなことを言っているのかをピンポイントの形でお知らせするサービスです。特定のメールアドレスおよ

びURLに関する情報がメールおよび書き込みという形で送信された瞬間に、お手元のコンピューターにすべてをお知らせします。

双方とも、登録料は20ドルだ。騙し取られるのは悔しいが、かと言って裁判を起こすほどの金額ではない。日本のワンクリック小口詐欺とまったく同じ性質だ。さまざまなソースを当たってみると、WOMDCの配信が始まったのは、2004年4月だったようだ。訴訟大国アメリカにふさわしく、3カ月以内に被害者同盟が結成され、この団体が管理するウェブサイトが立ち上げられた。

ウェブサイト主宰者のプロフィールを見てみると、実際に20ドル騙し取られたわけではないらしい。ジョークのような〝釣り〟のメールにひっかかり、うっかり信じてしまったことへの怒りのやり場がなく、思わずウェブサイトを立ち上げたという背景が見え隠れしている。

最近では自分のブログを持つ人が多数存在し、プロフを利用する人々も増えてきた。マイスペースをはじめとするSNSも定着し、ツイッターなどの新しい道具も出てきて、インターネットの情報を得る手段と発信する手段の比率が同じくらいになっている。こうした背景が、WOMDCのさらなる進化を促した。

WOMDCを名乗るメールにリンクがはられていて、そのバナーをクリックすると、WOMDCのウェブサイトに移る。誰かがウェブサイトまで立ち上げてしまった。サイトの文言を追うと、サイト独自の個人情報プロテクトシステムにサイン・インしないとそこから先には進めないとされている。これをクリックすると、自動的に20ドル課金されてしまうということだ。

あえて20ドル支払って会員ページに入ると、どこかの百科事典に書かれているコンピューター関連の文章をコピペした画面が延々と続く。その画面の横に、プレミアムサービスの紹介文章があり、バナーがついている。これをクリックすると、さらに20ドルの課金が自動的に行われる。これが延々と続き、だまされていると気づくまで、何回も20ドル支払うことになるという仕組みだ。

アメリカでも日本でも、いわゆるスカムメールは後を絶たない。かつてはアナログな過程で行われていた詐欺行為が、電子メールによって大幅に時間が短縮され、効率的に行われている事実も否めない。筆者自身にも似たような体験がある。

昨年の8月、ホノルル市内で引っ越そうということになり、クレイグス・リストという何でも情報版で空きマンションを探していたときのことだ。抜群の立地条件と破格の物件がいくつか見つかったので、さっそく詳細を見ると、他の物件──つまり、妥当なもの──には必ず電話番号が書かれているのに、メールアドレスしか書かれていなかった。ちょっと怪しいな、と思いつつメールを入れてみると、以下のような返信があった。

クレイグス・リストの物件について返信します。わたしたちはこの物件のオーナーですが、現在西アフリカの某国で宣教活動をしており、立会いのもとで物件をお見せすることはできません。そこで提案です。下記住所にマネーオーダーか銀行振り出しの小切手で1カ月分の家賃の相当額を送ってください。折り返し、FEDEXで部屋の鍵を送ります。問い合わせが殺到していますので、早い者勝ちとさせていただきます。FEDEXの伝票番号を知らせていただけば、すぐに手続きに入ることもできます。

同じような文面のメールが送られてきたのは、ひとつの物件だけではない。毎日のように釣りの広告を出しておいて、小口詐欺の手段にする小ずるい奴らがたくさんいるということなのだろう。クレイグス・リストの名誉のために言っておくが、怪しい物件には必ず要注意マークが付けられている。日常生活でコンピューターと関わり合う時間の絶対量が増える一方の今、これまではまったく考えられなかったようなタイプのスカムメールが生まれるのも時間の問題かもしれない。

あとがき

都市伝説というキーワードを打ち込んで検索をかけると、有名どころの検索エンジンならあっと言う間に1000万件以上のヒットがある。10年前の状況を思い出すと、驚かされるばかりだ。さらに前の時代となると、比較することさえ不可能だろう。

筆者が都市伝説――もちろん、当時はまだ日本語としては定着していなかったが――を完全に意識したのは25年前だが、それへと続く原体験は、1970年代の終わり頃に知った話だ。とあるラジオの深夜放送でこんな話が紹介されていた。

先日、山手線に乗ったときの話です。椅子に座っている小さな女の子の前に50歳くらいのおじさんが立って、いろいろやってあやしていました。女の子が笑うのが嬉しかったらしく、おじさんは次々と面白いことをしていました。やがて奇声を発し始めたおじさんに、近くにいたやくざっぽい男が寄っていきました。

やばい、と思って見ていると、やくざっぽい男は「おい！　電車の中でうるせーんだよ!」とおじさんに怒鳴りつけました。

それまでやっていた動きをぴたっと止めて、きょとんとした感じでやくざっぽい男を見つめていたおじさんは、やがて目に涙をいっぱいに溜め、子どものように、両手の甲を目に当てて「えーん、えーん」と泣き始めました。

今度はやくざっぽい男が驚く番です。まさか大泣きを始めるとは思っていなかったのでしょう。慌てて「あの…何も泣くことはないだろう?…俺も言い方がきつかったかもしれないけど…落ち着けよ…」となだめ始めました。

周囲の人々もふたりから目を離せません。しばらく経ったところで、電車が新宿駅に着きました。そしてドアが開いたとたん、それまで泣いていたおじさんが「なーんちゃって!」と言いながら、がに股になって立ち、両腕を頭の上でハート型みたいな形にしました。

そして、あっけにとられているやくざっぽい男と、周囲の多くの人を車内に取り残し、ホームの雑踏に消えていったのです。

その後、東京の私鉄各線で同じおじさんを目撃したという葉書が大量に寄せられるようになり、やがて目撃談は日本全国に広がっていった。しばらくして、このおじさんは〝なんちゃっておじさん〟と呼ばれるようになり、各地での目撃談が1年くらい語られ続けた。また、派生バージョンと思われる話は今でも流布している。

極論してしまえば、なんちゃっておじさんが実在したかどうかは筆者にとって大した問題ではない。日本全国から多くの目撃例が寄せられ、大げさに言えば46もの派生バージョンが生まれたという事実に強く惹かれる。インターネットも携帯電話もなかった時代に生まれ、口伝だけで広まったこの話が、筆者にとって都市伝説の原体験だったといえる。

奇妙な噂は、いつの時代も生き続けてきたし、これからもそうであり続けるだろう。ただし、その存在感は噂を回し、流していこうとする人々の意識によって大きく異なる。サブカルチャーの一分野として根付いたことにより、ブームとしての都市伝説は終焉を迎えた。これで最初のライフサイクルは終わったような気がするが、怪談だけでは決してない奇妙な噂＝都市伝説という概念が根付いた後、新たにどのような進化を見せていくのだろうか。今から楽しみで仕方がない。

最後になったが、前著に引き続き筆者のアプローチに興味を持っていただき、本書という形にしてくださった祥伝社の吉田浩行氏、そして本書を手に取ってくださったすべての方々にお礼を申し上げ、あとがきとさせていただく。

宇佐　和通

本書は祥伝社黄金文庫のために書き下ろされました。

都市伝説の真実

一〇〇字書評

切り取り線

購買動機（新聞、雑誌名を記入するか、あるいは○をつけてください）	
□（　　　　　　　　　　　）の広告を見て	
□（　　　　　　　　　　　）の書評を見て	
□ 知人のすすめで	□ タイトルに惹かれて
□ カバーがよかったから	□ 内容が面白そうだから
□ 好きな作家だから	□ 好きな分野の本だから

●最近、最も感銘を受けた作品名をお書きください

●あなたのお好きな作家名をお書きください

●その他、ご要望がありましたらお書きください

住所	〒				
氏名		職業		年齢	
新刊情報等のパソコンメール配信を 希望する・しない	Eメール	※携帯には配信できません			

あなたにお願い

この本の感想を、編集部までお寄せいただけたらありがたく存じます。今後の企画の参考にさせていただきます。Eメールでも結構です。

いただいた「一〇〇字書評」は、新聞・雑誌等に紹介させていただくことがあります。その場合はお礼として特製図書カードを差し上げます。

前ページの原稿用紙に書評をお書きの上、切り取り、左記までお送り下さい。宛先の住所は不要です。

なお、ご記入いただいたお名前、ご住所等は、書評紹介の事前了解、謝礼のお届けのためだけに利用し、そのほかの目的のために利用することはありません。

〒一〇一-八七〇一
祥伝社黄金文庫編集長　吉田浩行
☎〇三（三二六五）二〇八四
ohgon@shodensha.co.jp

祥伝社ホームページの「ブックレビュー」からも、書けるようになりました。
http://www.shodensha.co.jp/bookreview/

祥伝社黄金文庫

祥伝社黄金文庫　創刊のことば

「小さくとも輝く知性」――祥伝社黄金文庫はいつの時代にあっても、きらりと光る個性を主張していきます。

真に人間的な価値とは何か、を求めるノン・ブックシリーズの子どもとしてスタートした祥伝社文庫ノンフィクションは、創刊15年を機に、祥伝社黄金文庫として新たな出発をいたします。「豊かで深い知恵と勇気」「大いなる人生の楽しみ」を追求するのが新シリーズの目的です。小さい身なりでも堂々と前進していきます。

黄金文庫をご愛読いただき、ご意見ご希望を編集部までお寄せくださいますよう、お願いいたします。

平成12年(2000年)2月1日　　祥伝社黄金文庫　編集部

都市《とし》伝説《でんせつ》の真実《しんじつ》

平成22年6月20日　初版第1刷発行

著者　宇《う》佐《さ》和《わ》通《つう》
発行者　竹内和芳
発行所　祥《しょう》伝《でん》社《しゃ》
東京都千代田区神田神保町3-6-5
九段尚学ビル　〒101-8701
☎03（3265）2081（販売部）
☎03（3265）2084（編集部）
☎03（3265）3622（業務部）
印刷所　萩原印刷
製本所　ナショナル製本

造本には十分注意しておりますが、万一、落丁、乱丁などの不良品がありましたら、「業務部」あてにお送り下さい。送料小社負担にてお取り替えいたします。

ISBN978-4-396-31515-3 C0139

祥伝社のホームページ・http://www.shodensha.co.jp/